Les raisons des forces mouuantes auec diuerses machines tant vtilles que plaisantes aus quelles sont adioints plusieurs desseings de grotes et fontaines

LES RAISONS
DES FORCES MOVVANTES
Auec diuerses Machines
Tant vtilles que plaisantes
Aus quelles sont adioints
plusieurs desseings de grotes
Et Fontaines
Par
SALOMON DE CAVS
Ingenieur & seruiteur du son
Altesse Palatine Electorale
A Franfort en la boutique de Ian Norton
1615

Artsimedes   Herone Alexandrine

AU ROY
TRES-CHRESTIEN

S IRE,

Apres auoir mis fin à ce present liure, traitant de la raison des forces mouuantes, & de plusieurs machines, iay doubté sçauoir si ledit liure meritoit d'estre dedié à Vostre Maiesté, d'autant qu'aucuns pourront penser, que cest art est plustost propre pour des artisans que pour vn Roy, lequel doibt plustost employer son temps à bien gouuerner ses subiects, à craindre Dieu pour en donner vn general exemple, & à se faire redoubter à ses ennemis, ces trois choses sont tres requises à vn PRINCE, car ce sont les trois colonnes qui soustiennent son Estat. Et en outre pour gouuerner vn si grand nombre de peuple, il sera bon qu'il soit, non seulement assisté d'vn nombre de gens versées en toutes sortes d'arts & sçiences, mais aussi que luy mesme soit aucunement entendu, & specialement aux sciences des mathematiques, & à celles qui despendent d'icelles, a celle fin de n'estre subiect a croire aucuns flateurs, lesquels voyant vn PRINCE ignorant d'icelles, & qu'il se presente ocasion de quelque œuure, luy font croire tout autrement que ladite œuure ne peut reusir, tellement que cela tourne quelque fois à la honte & desplaisir dusdit PRINCE, Vitruue excellent Architecte de son temps, fait mention en l'Espitre de son second liure, adressante à l'Empereur Julius Cesar que l'Architecte Dinocrate de Macedone, homme doué de belle representation de corps, & de hautes imaginations, vint trouuer Alexandre le Grand, luy representant par son discours, qu'il auoit formé le mont Athos en son idée à la resemblance d'vne statue d'homme, laquelle pourroit tenir en sa main gauche vne ville spacieuse, & en sa droite, vne tasse qui receuroit tous les fleuues des montaignes d'alentour, & dela se descharger dans la mer, Alexandre trouua le dessein fort beau, mais considerant la difficulté qu'il y auroit à aporter des viures en ladite ville, estant le païs d'alentour fort sterile n'y voulut entendre, & du depuis fit bastir par ledit Architecte, la ville d'Alexandrie, qui est encore a present, ainsi le iugement d'Alexandre surpassa celuy de Dinocrates d'autant que ce grand ouurage eut esté fait en vain, les PRINCES sont souuent solicitez de tels Architectes & ingenieurs (plustost remplis de vaines imaginations que de bons fondements) pour leur faire entreprendre des ourages lesquelles ne peuuent aporter aucune vtilité ni plaisir, tellement que quand lesdits PRINCES sont aucunement entendus, ils peuuent clairement voir par leurs desseings que l'œuure ne peut estre faite suiuant leurs imaginations, toutes ces raisons. SIRE m'ont donné la hardiesse de vous presenter ledit liure, ou en 7. ou 8. fueilles, sont representées les raisons des forces mouuantes le plus briefuement & succintement qu'il m'a esté possible, apres suiuent quelques machines aucunes vtilles & d'autres plaisantes, & entre les autres Vostre Maiesté en pourra recognoistre quelques vnes qui peuuent estre agitées par le seul moyen de la temperature de l'air, lequel se venant à eschauffer par le moyen du Soleil, ou a se refroidir par son defaut, anime lesdites machines, & par ce moyen l'on peut faire des choses admirables, & si ie peux entendre que Vostre Maiesté prenne quelque plaisir à ce mien petit œuure, cela me donnera courage de l'augmenter de quelques autres gentils desseings, qu'il plaise doncques à Vostre dite Maiesté le prendre en gré, atendant que i'aye moyen de la seruir en choses plus grandes, ie prie Dieu m'en faire la grace, & a vous, SIRE d'estre maintenu en sa saincte protection & vous combler de ses graces.

De Heidelberg ce 15. de Feburier   1 6 1 5.

De Vostre Maiesté le tres-obeissant subiect.

S. de Caus.

A MONSIEVR DE CAVS

ANACROTICHE SUR SON NOM.

S i les noms ont en eux quelque force & puiſſance
A uecq̃ la ſageſſe, l'on t'impoſa le nom,
L e ſçauoir vray le rend, dont l'immortel renom,
O ſte aux meilleurs Autheurs l'honneur des ta naiſſance:
M ais ſi l'eſprit des morts, rentre en autre ſubſtance,
O u ſe gliſſe inſenſible, auec noſtre raiſon,
N ous penſerons de voir celuy de Salomon

D eſlié de ſon corps, faire au tien reſidence
E ſtant en ton auril, ſi ſage & entendu

C onioindre la ſcience auec la modeſtie,
A yant vn eſprit meur au printemps de ta vie,
V ne animable douceur coniointe a la vertu,
S y que le grand Dieu t'a, d'ornement reueſtu.

I. L. M.

AUTRE.

S y mes vers eſgalloyent tes excellents merites,
A uec la verité, ton beau nom glorieux,
L 'on verroit esclairer, dans la vouſte des cieux,
O u tes rares vertus, ſeroyent au long deſcriptes,
M ais ni mon peu d'eſprit, ni meſmes les charites,
O ſent toucher ce nom, plain de ſi grand renom,
N ayans compris encore, toutes tes grands merites,

D e moy i'entreprend trop, voulant loüer ce nom,
E n ces vers malſonnans, pour loüer Salomon,

C ar ceſt vn nom ſcauant, außi ſcauant eſt-tu,
A yant des long temps fait, preuue de ta vertu,
V itruue & Archimedes & le ſubtil Heron,
S ont icy ſurpaſſez du ſage Salomon.

P. L. N.

LOVYS par la grace de Dieu Roy de France &
de Navarre, à nos amez & feaulx Conseillers les gens tenant nos
Cours de Parlements, Baillifs, Seneschaux, Prevosts ou leurs Lieutenans & autres nos
Justiciers & officiers quil apartiendra salut.   Nostre bien aimé Salomon de Caus
Maistre Ingenieur estant de present au service de nostre Cher & bié aimé Cousin le Prince Electeur Palatin. Nous à faict dire & remonstret que de Puis quelque temps. Il se
seroit employé en la composition de quelques liures sçauoir l'vn Intitulé les *Raisons des*
Forces mouuantes auec plusieurs machines tant vtilles que plaisantes. Vn auec *De la Theorie*
& pratique de Musique. Vn autre troisieme ou sont demonstrés les *Constructions de quelques machines Hidrauli-*
ques. Et le quatriesme contient plusieurs *desseings de grotes Artificielles & Fontaines*, tous lesdicts Liures Vtilles
& profitables au public. Mais d'autant qu'il craint que sur les Copies qu'il en pourroit faire Imprimer, aultres
Libraires & Imprimeurs de cestuy, nostre royaume si pourroient Ingerer de les faire Imprimer & mettre en
vente. Le frustrant par ce moyen de ses frais & labeurs, nous requerant humblement nos lettres, à ce necessaires A CES CAUSES desirant gratifier ledict de C A u s comme estant nostre subiect, & l'Inciter d'autant plus à continuer de profiter au public & mesmes à fin qu'il se puisse rembourcer des frais qu'il a peu faire tant pour l'Imprimerie desdicts Liures que pour les tailles doulces des Figures qui sont dedans, nous luy auons
Permis & Octroye comme de nostre grace special pleine puissance & auctorité Royal, luy Permettons & Octroy-
ons par ces Presentes de faire Imprimer lesdicts Liures par tel Imprimeur que bon luy semblera & mesmes
de le faire vendre & distribuer par telles personnes qu'il voudra choisir & ce durant le terme de six ans à com-
pter du jour que lesdicts liures seront achevez d'imprimer pendant lequel temps nous defendons à tous
Imprimeurs & Libraires de cestuy nostre Royaume de Imprimer ou faire Imprimer lesdicts Liures ou aucuns
d'Iceulx à peine d'amande arbitraire vn tiers à nous l'autre aux pauures, & le troisieme au denonciateur &
mesmes de confiscation de tous lesdicts Liures dont ils seront trouués saisis S Y VOUS MANDONS que du
contenu de nostre iouste permission, vous laissiez jouir & vser plainement & paisiblement celuy ou ceux
qui auront permission dudicts de C A u s sans souffrir qui leur soit faict aucun empeschement Car tel est nostre plaisir, donné à Paris le dixseptiesme jour de Octobre l'An de grace mil six cens quatorze & de nostre re-
gne le cinquiesme.

Par le Roy en son Conseil

Berruyer.

EPISTRE

Au bening Lecteur,

Où l'Autheur monstre ce que cest que machine & les premiers inuenteurs d'icelles, ensemble l'vtilité que lon peut tirer de ce present Liure.

ENING LECTEUR, ayant à ce present liure à traiter une diuersité de machines, il ne sera mal a propos de monstrer ce que signifie ce mot, & les premiers inuenteurs dicelles, & aussi l'vtilité que lon en peut tirer, premierement ce mot de machine, comme dit Vitruue signi- *Vitruue liure X.Chap.* fie un'assemblage & ferme conionction de charpenterie, ou autre *ure X.Chap.* materiel, ayant force & mouuement, soit de soymesme, où par quel- *1.* que moyen que ce soit, & y en a de trois genres: l'une appellee des Grecs Acrobactique, & est celle qui sert à monter toutes sortes de fardeaux en haut, dont se seruent les Charpentiers & Massons, & mesmement les Marchands, à tirer toutes sortes de marchandises hors des Nauires, le second genre est dit Pneumatique, lequel acquiert mouuement par leau & l'air, dont il y a diuerses machines, seruantes à la decoration de grotes & fontaines, le troisiesme est dit des Grecs banauson qui sert a esleuer tirer & porter de lieu à autre toutes sortes de fardeaux, & mesmement a seruir de force à faire plusieurs choses à nous dificilles sans cest aide, comme Moulins à vent & a eau, Pompes, pressoirs à vis, Orologes, Balances, Souflets à Forgerons, & plusieurs autres choses desquelles il seroit fort difficille de se passer, quant aux premiers inuenteurs d'icelles. L'escriture saincte nous rend tesmoignage, que Iuba fut inuenteur des instruments de Musique, & Tubal-cain forgeur de tous engins de fer & d'arain, les Payens ont creu *Genese Cha-* ceste invention estre venue de Vulcan, lequel ils ont depuis adoré, comme ils ont fait *pitre 4.* tous ceux lesquels ont esté les premiers inuenteurs des choses necessaires à l'homme, mais de ces premiers inuenteurs n'auons aucune cognoissance d'aucune machine par eux inventee, comme de ceux qui ont suiui depuis, entre lesquels Archimedes a laissé plusieurs choses par luy inuentees, comme la vis dont fait mention Diodore Sicilien, *Diodore Si-* lequel dit qu'Egypte fut merueilleusement secouriie contre les inondations du Nil. Par *cilien en son* la vis d'Archimedes, il inuenta aussi plusieurs machines de guerre pour deffendre la *tique, liure* ville de Siracuse que Marcellus tenoit assiegee, comme Plutarque recite, toutes lesquel- *premier.* les machines ont esté delaissees depuis que l'usage du Canon est venu. Viron le tẽps d'Ar- *en la vis de* chimedes, estoit (Stesibie duquel Vitruue fait mention,) & dit qu'il fut inuenteur de *Marcellus.* plusieurs machines dites des Grecs Pneumatiques & Hidrauliques, (cest à dire eaux *ure 9. Cha-* chantans.) Ce fut luy qui inuenta de mesurer le temps auec le cours de leau, laquelle in- *pitre 9.* uention n'a plus esté en usage, depuis que les Orologes à roués dentelees ont esté in- uentees, apres luy vint un Filon Bisantin, duquel Herone Alexandrin fait mention, di- *Herone en* sant auoir escrit quelque chose de cest art, & depuis ledit Filon, est venu Herone Ale- *sa Machine* xandrin, lequel nous a laissé trois liures. Sauoir un intitulé Spiritali, traitant diuers *stabile.* problesmes des effets de lair & leau, & le second de la machine mouuante, dite des

Grecs

Epiſtre au Lecteur.

Grecs Automatij, & le troiſieſme, de la machine ſtable, depuis eſt venu Vitruue duquel les eſcrits ſont aſſez cogneus. Et quelque temps apres la ville de Rome fut deſtrui-
te par les Gots, leſquels ruinerent les plus belles Oeuures d'Italie, & des lors les peuples
de l'Europe ne firent plus aucun compte des arts, juſques à la venue de trois grands Princes, leſquels viuoient tous en vn meſme temps, à ſauoir l'Empereur Charles cinquieſ-
me, le Roy François premier, & le Roy d'Angleterre Henry huitieſme, leſquels eſtoient
tous curieux de reſtablir les arts enſeuelis de ſi longues annees, & un peu apres eux vint le
Pape Siſte V. lequel fit reſtablir à Rome pluſieurs ruines, qui auoient eſté faites par les
Gots, & en outre fit faire diuers ouurages rares, & à les nombrer, un grand Volume ne
ſuffiroit, quand aux hommes d'art rares, qui ont eſté du temps de l'Empereur Charles
V. il y en a eu pluſieurs en Alemagne, entre leſquels Albert Durer, a eſté recogneu vn
des plus excellens de ſon temps, & auſſi du meſme temps eſtoient en Italie Michel
l'Ange, & Raphael d'Urbin, aſſez cogneux par leurs ouures, un peu apres ſont venus en
France Pierre Ramus, Oronce Finé, & pluſieurs autres grands perſonnages, pour les
Mathematiques, peinture, & Architecture, mais pour reuenir à ceux qui ont eu co-
gnoiſſance des Machines mouuantes & Hidrauliques, peu en ont eſcrit de noſtre
temps, bien eſt vray, que Jacob Beſſon, Auguſtin Ramelly, & quelques autres ont mis
en lumiere quelques Machines par eux inuentees ſur le papier, mais peu d'icelles peuuent auoir aucun effect, & ont creu, que par vne multiplication de roües dentelees,
leſdites machines auroient effect, ſelon leur penſée, & n'ont pas conſideré, que ladité
multiplication eſt liee auec le temps, comme il ſera monſtré en ſon lieu : Et quand à
l'vtilité que l'on peut tirer de ceſt art, il eſt certain qu'il eſt grand, & de nombrer la
quantité & diuerſité des machines qui ſont faites pour le ſeruice de l'homme il ſeroit
preſque impoſſible, quand à celles qui ſont en ce liure, les vnes ſont faites pour l'vtilité commune, & les autres, pour le plaiſir & ornement des Palais & Jardins, dont ay
fait l'experiēce de la plus part, & quand aux diſcours que i'ay fait ſur chacune figure,
aucuns le pourroient trouuer un peu trop prolixe, d'autant que ie recite quelquefois u-
ne meſme choſe deux fois, cela ay-ie mieux aimé faire, que de laiſſer aucune choſe qu'elle ne ſoit parfaitement entendue, car ſi le Lecteur n'entend la choſe eſtant propoſée
d'une façon, il entendra peut eſtre de l'autre propoſition.

D'AUTANT

'AVTANT que les compositions, & effets que produisent toutes sortes de machines, sont causees par le moyen des quatres elements, lesquels donnent corps & mouuement à icelles; il ma semblé bon de monstrer la definition d'vn chacun deux en particulier, & aussi aucuns de leurs effets. Quand à leurs situations, l'opinion commune & la plus receue des Philosophes, lesquels ont discouru de leurs ordres, ont imaginé le feu au dessus de l'air, & l'air au dessus de la terre, & de l'eau, les deux premiers estans legers voulans tousiours monter en haut, & les deux derniers pesans, voulans tousiours descendre en bas.

DEFINITION PREMIERE.

Le Feu, est vn element lumineux, chaud tres-sec & tres-leger, lequel par sa chaleur fait grande violence.

IL y a de deux especes de feu, l'vn elementaire, lequel n'est subiet à corruption, lequel ie croy estre la chaleur du Soleil, car tout autre feu ou chaleur est subiet à nourriture, & ce qui est subiet à perir, donques la chaleur procedante du corps du Soleil, est le seul feu elementaire, la seconde espece de feu est le materiel, lequel est dit ainsi, à cause qu'il est nourri & maintenu de matiere corporelle, laquelle matiere venant à saillir, faut aussi la chaleur, quand à ce qu'il est dit lumineux, c'est à cause du Soleil, qui est la vraye lumiere naturelle, & mesmement la lumiere artificielle procede du feu materiel. La secheté aussi y est, cela se voit en ce qu'il est directement ennemi de l'humide, & mesmes qu'il cherche à le destruire, & les choses mesmes que nous estimons seches, sont encores asechees par le feu, comme par exemple, ce n'est pas chose commune, que de croire qu'il y aye aucune humidité au plomb, toutesfois l'experience nous monstre, que le plomb en table dequoy sont couuertes les maisons & Eglises, se deseche si fort auec le temps par la chaleur du Soleil, qu'il se cofine & retire en dedans, & si lesdites tables sont fort atachees contre le bois, & qu'il ne se puisse retirer en dedans, lesdites tables se creueront en plusieurs places, le feu est aussi dit tresleger pour plusieurs raisons, premierement à cause de sa situation, en ce qu'il est au dessus des autres elemens, & aussi que nous voyons le feu materiel monter en haut, auec grande legereté, & semble (comme ont dit aucuns Philosophes) qu'il veut retourner au lieu de son origine, & quand à la violence du feu, la plus grande procede du feu materiel, chacun sait le dommage qu'il fait ou il se met, soit par accident, ou entreprise deliberee, en Sicile le feu s'est mis dedans la concauité du mont Gibella, autrement dit Ætna, lequel brusle il y a long temps, toutesfois il y a aparence que ce feu prendra fin, quand toute la matiere sulfuree qui l'entretient finira, la violence aussi de plusieurs inuentions de machines de guerre, est admirable, lesquelles se font auec la poudre à canon, ainsi le feu materiel nous sert aussi bien à faire du mal, comme à faire du bien, & quand au feu elementaire, il y a aucunes machines en ce liure, lesquelles ont mouuement par le moyen d'iceluy, comme l'esleuation des eaux dormantes, & autres machines suiuantes icelles non demonstrees par cy deuant.

B　　　　DEFI.

DEFINITION DEUSIESME.

L'air, est vn element froit, sec, & leger, lequel se peut presser, & se rendre fort violent.

A place de l'air second element est imaginee entre l'element du feu, & la terre, Vitellion prouue par ses lingnes optiques, que le nuage s'flôgne de la terre de 52000. pas, qui font viron 26. lieües Françoises, & ainsi ceste distance est diuisee en deux regions, l'vne moyenne ainsi appellee à cause qu'elle est entre la troisiesme ou supreme region du feu, (dont nous auons parlé) & la basse region qui est celle que nous touchons, quand à la moyenne elle est froide, & remplie de nuages, & brouillats. L'experience nous en donne congnoissance aux hautes montaignes des Alpes, & monts Pirenees, ou la neige se maintient au coeur de l'Esté, & la basse region, comme i'ay dit, est celle que nous touchons, ou l'air est beaucoup plus chaud qu'aux montaignes, la raison est, à cause de la reflection des rais du Soleil, lesquels donnant sur le plan de la terre, & ne pouuans passer outre, s'arestent & eschauffent l'air le plus bas, mais aux montaignes, les rais du Soleil ne donnent pas vne telle reflection, ains glissent au long d'icelles, & speciallement aux costees qui ne sont opposees au Mydi, ie dis donques que l'air est vn element froid, & qui n'a autre chaleur, que celle qui luy est donnee du Soleil. Il n'a aussi aucune humidité en sa nature, côme aucuns ont vollu dire au cûs, ce qui sera demonstré à la definition de l'eau. Il est aussi dit leger, car quelque quantité qu'il y aye d'air dans vn vaisseau, il n'en sera plus pesant, & quand à ce qu'il est dit icy qu'il se peut presser, i'en donneray icy vn exemple. Soit vn Vaisseau de plomb ou de cuiure, bien clos, & soudé tout à l'entour marqué A. auquel il y aura vn tuyau marqué B. C. duquel le bout C. aprochera pres du fond dudit vaisseau viron vn pouce, & au bout B. y aura vn petit recipien pour receuoir l'eau, laquelle verserez dedans ledit recipien, & de là descendra au vaisseau, & d'autât que l'air qui est dedans ledit vaisseau ne peut sortir, & qu'il faut qu'il y aye quelque place, on ne pourra emplir ledit vaisseau, & si le tuyau B. C. est dix où douze pieds haut, il y entrera viron iusques au tiers d'eau, tellement que l'air se pressant, causera vne compression, & fera mesme enfler le vaisseau, s'il n'est fort espais, ce qui demonstre que l'air se presse, & que ceste compression fait violence. Comme il se pourra voir en diuerses machines en ce liure, mais la violence sera grande, quand l'eau s'exale en air par le moyen du feu, & que ledit air est enclos, comme par exemple, soit vne balle de cuiure d'vn pied ou deux en diametre, & espaisse d'vn pouce, laquelle sera remplie d'eau par vn petit trou, lequel sera bouché apres bien fort auec vn clou, en sorte que l'eau ny air n'en puisse sortir, il est certain que si l'on met ladite balle sur vn grand feu, en sorte qu'elle deuienne fort chaude, qu'il se fera vne compression si violente, que la balle creuera en pieces, auec bruit semblable à vn petart.

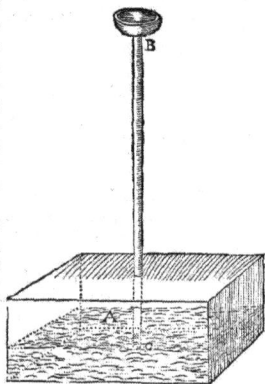

DEFINI.

DEFINITION TROISIESME.

Leau, eſt vn element humide, peſant & coulant, lequel ne ſe peut preſſer
eſtant enſerré.

OUTES les parties de ceſt element, ſont directement contraires à la
nature du feu, l'humidité eſt en leau, comme la chaleur au feu, & de
ces deux parties contraires, ſe peut faire des machines admirables,
comme il en ſera par cy apres aucunes monſtrees. L'eau eſt auſſi dite
peſante, mais toutesfois toutes les eaux ne ſont de pareil pois : Pline *Pline liure*
recitant la nature de pluſieurs eaux differentes, dit qu'au territoire *2. Chap.*
de Carra en Eſpaigne, il y a deux fontaines proches l'vne de l'autre, *103.*
deſquelles leurs natures ſont tant diuerſes, que tout ce qui eſt mis au deſſus de l'vne va
à fond, & l'autre porte tout ce que lon met deſſus, comme auſſi fait le Lac de Sodome,
& le fleuue Aretuſe, la raiſon de cecy vient de la peſanteur de leau, laquelle eſtant plus
peſante en comparaiſon que le corps que lon met dedans, le reiette en haut, à cauſe que
la plus grande peſanteur veut tenir le plus bas lieu, comme nous voyons par exemple ,
que le fer & le plomb flotent au deſſus du vif argent, car le vif argent eſtant le plus peſant en eſgualité de corps, veut tenir le plus bas lieu, & au contraire, leau la plus legere
ne peut ſuporter aucune choſe de peſant. Pline recite encore pour choſe eſmerueillable,
que la pierre de ponce nage ſur leau eſtant en grande piece, mais eſtant miſe en poudre
va tout à fond, la cauſe en eſt aiſee à donner, car la pierre de ponce eſtant de nature po-
reuſſe, & remplie d'air, ne peut aller à fond, à cauſe que l'air enclos dedans leſdites po-
res, veut tenir le haut lieu, comme ſa nature le porte, mais eſtant ladite pierre en poudre,
& qu'il ny a plus d'air meſlé auec pour la porter, elle ira au fond, le meſme eſt en pluſieurs autres choſes, les pieces de bois auſſi flotent ſur leau, leſquelles eſtans ſoyees en
poudre vont au fond, incontinent que la ſoyeure ou poudre eſt abreuee d'eau, par ſem-
blable raiſon auſſi, les grandes Nauires chargees de plomb, & autres peſantes Marchan-
diſes, ſont ſupportees ſur leau ; à cauſe que l'air eſtant dans la concauité deſdites Na-
vires, les empeſche d'aller à fond, quand à ce qu'il eſt dit, que ceſt vn element coulant,
cela ſe trouue aſſez congneu par experience, reſte à monſtrer comme il ne ſe peut preſſer comme fait le feu & l'air, & en donneray vn exemple. Soit vn vaiſſeau de cuiure rõd,
contenant trois ou quatres meſures d'eau, auquel y aura vn petit trou, pour emplir
ledit vaiſſeau: & apres ſi lon aiuſte le bout d'vne Seringue au trou dudit vaiſſeau, & que
lon voulut pouſſer leau de ladite Seringue dedans ledit vaiſſeau, on trouuera par effect,
qu'il ne ſera poſſible de faire entrer dauantage d'eau, que ce qui y eſt entré volontaire-
ment, leau donques ne ſe pourra preſſer pour faire aucune violence, comme fait l'air où
le feu, mais la violence de leau conſiſte en ſa peſanteur, quand elle deſcend des lieux
hauts , ou bien quand elle eſt eſmeüe par le vent , on ne peut point dire certaine-
ment ſi leau eſt chaude, participante de la nature du feu, ou ſi elle eſt froide, participante de la nature de l'air, mon opinion eſt, qu'elle n'eſt ny chaude ny froide , de ſa nature, mais eſtant aidee du feu , ou de l'eau , reçoit par accident la chaleur ou la froidure.

　　　　　　　　　　　　　　　　　B　2　　　　DEFI-

DEFINITION QUATRIESME.

La terre, est vn element sec, pesant & solide.

L'ELEMENT de la terre pure est estimee de la plus part des Philosophes, sec & froid, toutesfois ie ne suis de ceste opinion, qu'il y aye aucune froidure en la terre, sinon celle qui luy est prestee de l'air, aussi na elle aucune chaleur, sinon celle qui luy est prestee du Soleil, cest element ne se trouue en sa nature pur comme les autres, car nous ne pouuons dire, que la terre soit seche par tout, d'autant qu'elle est meslee de l'humidité, sa pesanteur se monstre, en ce qu'elle tient le plus bas lieu des elemens, & sa solidité en la masse ronde & ferme, composee d'icelle.

THEORESME PREMIER.

Les parties des elemens se meslent ensemble, pour vn temps, puis chacun retourne en son lieu.

C'EST chose assez cogneüe, que tout ce qui a esté cree par la prouidence diuine, est composee & mixtionnee des elemens, comme aussi toutes les fabriques & compositions que l'homme peut effectuer, comme par exemple, le bois & toute autre chose que la terre procree, sont mixtionnees du sec, & de l'humide, & mesmement sont deuenus tels, par le moyen du feu & de l'air, car nous sauons par experience, que la terre ne produiroit aucune chose, si elle n'estoit eschauffee du Soleil, & ce qui est poussé hors icelle prend accroissance par le moyen de l'air, tellement que la nature ayant donné croissance à quelque chose que ce soit, par le moyen des elemens, vient à se destruire par le moyen d'iceux, chacun element retournât en son lieu, comme par exemple, le bois se destruit par le moyen de la chaleur, l'humidité s'esuapore en haut, par extraction que fait la chaleur. Laquelle vapeur venant à monter auec la chaleur, iusques à la moyenne region, se quittent l'vn l'autre, puis chacun retourne en son lieu, l'humidité retombant sur la terre, qui est ce que nous apellons pluye, & sur ce subiect ie representeray icy vn exemple. Soit vn vaisseau de cuiure rond marqué A. bien clos & soudé tout à l'entour,

auquel il y aura vn tuyau marqué B. C. dont l'vn des bouts B. aprochera du fond, autant qu'il faut pour laisser passer l'eau, & l'autre bout C. sortira dehors le vaisseau, auquel il y aura vn robinet marqué D. pour ouurir & fermer quand besoing sera, & y aura aussi vn souspiral en haut marqué E. apres faut mettre de l'eau dans ledit vaisseau par le souspiral, iusques à vne certaine quantité, & si le vaisseau contient trois pots, l'on y en mettra iustement vn pot, apres faudra mettre ledit vaisseau sur le feu viron 3. ou 4. minutes, & laisser le souspiral ouuert, puis retirer ledit vaisseau du feu, & vn peu apres faudra retirer l'eau dehors par le souspiral, & trouuerez que partie de ladite eau, s'est esuaporee par la chaleur du feu; apres faudra remplir la meture du pot comme il estoit auparauant, & remetre l'eau dedans le vaisseau, & alors faudra bien boucher le souspiral & le robinet, & remettre le vaisseau sur le feu, aussi long temps comme la premiere fois, puis le retirer, & le laisser refroidir de soymesme, sans ouurir le souspiral, & apres qu'il sera bien refroidi, faudra

faudra retirer l'eau de dedans, & y trouuerez iustement la mesme quantité que l'on y aura mise, tellement qu'il se peut voir que l'eau s'estoit esuaporee (la premiere fois que l'on
a mis le vaisseau sur le feu) est retournee en eau la seconde fois que ladite vapeur a esté
enserree dans le vaisseau, & qu'il s'est refroidy de luy mesme, il se pourra encores faire v-
ne autre demonstration de cecy, c'est apres que l'on aura mis la mesure de l'eau dedans
le vaisseau, il faudra bien boucher le souspiral & ouurir le robinet D. puis metre ledit
vaisseau dessus le feu, & metre le pot dessoubs le robinet, alors l'eau du vaisseau s'esleuera
par la chaleur du feu, & sortira par le robinet D. mais il s'en faudra viron la sisiesme ou hui-
tiesme partie que toute ladite eau ne sorte, à cause que la violence de la vapeur qui cause
l'eau de monter, est prouenue de ladite eau, laquelle vapeur sortira apres que l'eau sera sortie par le robinet auec grande violence, il y a encores vn autre exemple au vif argent autrement dit mercure, qui est vn mineral coulant, lequel estant eschauffé par le feu, s'exale
tout en vapeur, & se mesle auec l'air pour vn temps, mais apres que ladite vapeur est refroi-
die, elle retourne en sa premiere nature de vif argent, & l'experience le monstre , d'autant
que si l'on met quelque vaisselle doree dans vne chambre ou l'on aura fait esuaporer du
vif argent, ladite vapeur s'atachera toute contre ladite vaisselle, & l'on trouuera apres que
c'est pur vif argent, mais la vapeur de l'eau est beaucoup plus legere, aussi elle monte comme nous auons dit, iusques en la moyenne region.

THEORESME II.

Il n'y a rien à nous congneu de vuide.

TOUT ce qui est congneu à l'homme est remply des quatres elements,
c'est pourquoy il ne peut rien auoir de vuide à nous congneu, &
de penser (comme ont voulu dire aucuns) qu'il y a vne vacuité au dessus des elemens, c'est vne opinion sans preuue ny demonstration , &
de dire aussi, que tout ce grand espace est remply d'air, il n'y a nulle a-
parence, car la diuine prouidence n'a rien fait d'inutile, & si ledit espace entre le firmament & l'element de l'air estoit rempli d'air, il seroit
innutile, car il n'y a aucune creature qui aye à faire d'air au dessus de la moyenne region,
& pour ne point errer en ceste opinion, il vaudra mieux dire que ce grand espace est
rempli d'vne cinquiesme essence à nous incongneue . Epicure a esté vn des plus exce-
lens Philosophes de son temps, toutefois son opinion touchant les Atomes & le vuide,
est fort contraire à vn exemple que ie donneray icy, il dit qu'il n'y a rien qui ne soit corps,
& que les Atomes sont corps indiuidus & solides, & qu'il y en a
de deux sortes, les vns composez, (nous les nommons corps solides) & les autres simples, desquels se fait la côposition des choses, laquelle composition est faite par l'acrochement des Atomes
solides, (car il n'en admet point d'autres) lesquels se viennent à
tourner, virer & entrechoquer par la caue vuide du môde, l'exemple donques que ie demonstreray sera vn vaisseau de plomb ou
cuiure marqué A. clos & bouché de tous costez, lequel sera rempli d'eau par le souspiral B. & apres soit ledit souspiral bien fer-

mé, alors si l'on fait vn petit trou au bas du vaisseau au lieu C. il ne sortira aucune eau,
d'autant que vacuité ne peut estre faite audit vaisseau, mais si l'on donne place à l'air
pour entrer audit vaisseau, en ouurant le souspiral B. alors l'eau sortira, & l'air se mettra
en sa place. Or si l'opinion d'Epicure estoit vraye, & que la nature voudroit permettre le
vuide (comme il dit qu'il y a entre chacun Atome) l'eau sortiroit, encores que le souspiral fut fermé, d'autant que c'est vn element pesant & coulant, ainsi nous dirons que la
nature ne permet rien de vuide à nous congneu.

Diogenes
Laertius
en la vie
d'Epicure

AVTRE

AVTRE DEMONSTRATION QVE LE VVIDE
ne peut estre en la nature.

GENERALLEMENT toutes les machines dites pneumatiques, se font en tant que la nature ne peut rien souffrir de vuide, & en donneray encores vne demonstration, soit vn vaisseau marqué A. B. C. D. bien clos & soudé de tous costez, auquel il y aura vn tuyau. E. F. duquel l'vn des bouts F. aprochera du fond sans y toucher, en sorte qu'il y aye distance, pour laisser passer entre ledit bout F. & le fond du vaisseau, il y aura aussi vn souspiral marqué G. lequel faudra boucher, & verser de leau dedans ledit vaisseau par le tuyau E. F. il est certain qu'il y entrera quelque quantité d'eau dedans. Car l'air se pressera (comme a esté monstré,) & se fera vne compression d'air audit vaisseau, de sorte qu'il n'y pourra plus rien entrer, mais si lon ouure le souspiral, alors l'air qui estoit en la place de leau sortira, & à mesure que lon emplira ledit vaisseau d'eau, l'air sortira par le souspiral.

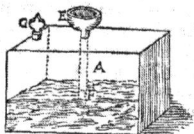

THEORESME III.

Quand leau monte par faute de vacuité, c'est pour descendre plus bas que son niveau.

IL Y A CINQ moyens diuers, pour faire esleuer leau plus haut que son niueau, & de chacun moyen il y a plusieurs machines differentes: Le premier est, par faute de vacuité: Le second, par son propre moyen, Le troisiesme par aide du feu, Le quatriesme par l'air, & le cinquiesme par machines composees diuersement, conduites par force d'hommes ou de cheuaux, ie demonstreray de chascun moyen vn exemple, & commenceray par celuy qui fait monter par faute de vacuité. Soit donques vn vaisseau plain d'eau marqué A. auquel il y aura vn sifon marqué B.C. dont l'vne des iambes sera dans le vaisseau, & lautre dehors. Puis faut auoir vn tuyau marqué D. fait en sorte qu'il se puisse aiuster dedans le bout C. du sifon, apres faudra boucher le bout dudit tuyau, & lemplir d'eau, puis l'aiuster bien iuste dedãs ou dehors le bout du sifon C. puis ouurir le bout d'embas, & alors leau sortant dudit tuyau, atire celle qui est dans le vaisseau au long du sifon, d'autant que vacuité ne peut estre faite audit tuyau, & alors que ladite eau aura pris son cours, lon pourra oster le tuyau D. & leau continuera son cours, iusques à ce qu'elle vienne au niveau du bout C. & alors elle cessera, ainsi lon peut voir par cest exemple, que si leau monte en haut par le sifon, que c'est pour descendre plus bas que son niveau, car si le bout de dehors estoit coupé en E. il ne courroit nullement, ainsi par l'aide du tuyau D. leau monte par faute de vacuité, d'autant que la pesanteur qui est en la iambe du sifon, est plus pesante que celle de la iambe de dedans. Et quand à la longueur du tuyau D. il doit estre vn peu plus long. Que si le sifon depuis la superficie de leau, iusques à la marque E. & aussi gros que ledit sifon, ou vn peu plus:

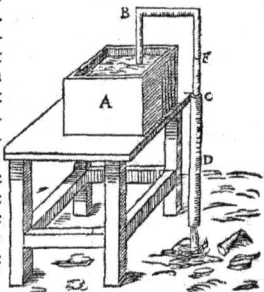

D'autant

D'autant qu'il faut que ledit tuyau D. contienne autant d'eau en longueur, ou vn peu d'auantage, comme ledit sison contient d'air, depuis la superficie de l'eau, iusques à la marque E. qui est le niueau de l'eau, ainsi cest exemple demonstre, que si l'on atire l'air qui est dedans le sison (soit par la bouche en aspirant, ou par le tuyau D.) l'eau suiura, pour ne souffrir vacuité, & aura son cours, pourueu quelle descende plus bas que son niueau.

Ce present THEORESME a esté mal entendu de ceux qui ont traduit Herone, lesquels monstrent à atirer l'eau par vn gros sison, aiustant vn vaisseau au bout dudit sison, au lieu du tuyau D. lequel vaisseau ne peut faire nul effect, d'autant qu'il n'atirera l'eau en la iambe B. du sison B. non plus que la hauteur, comme est ledit vaisseau, & encores qu'il contienne autant d'eau ou plus que ledit sison, si est-ce que ladite eau, ne s'esleuera plus haut, que l'espesseur ou hauteur dudit vaisseau.

Heronespirituali Theoresme 5.

THEORESME IIII.

L'eau ne peut monter par son propre moyen, si ce n'est pour descendre plus bas que son niueau.

E second moyen de faire monter l'eau, est par son propre moyen, & ce fera en ceste façon, soit vn vaisseau plein d'eau marqué A. auquel y aura vne piece de drap longue de demi pied & large d'vn pouce, laquelle faudra mouiller toute outre, & sera mise au vaisseau, en sorte qu'vn des bouts soit dans iceluy, & l'autre bout dehors, alors l'eau qui sera au bout de dehors, attirera par sa pesanteur celle qui est dans le vaisseau, & la fera monter au long de la piece du drap, (comme il se fait au sison) iusques à ce que l'eau du bout de dedans soit au niueau du bout de dehors, & alors elle cessera de courir.

THEORESME V.

L'eau montera par aide du feu, plus haut que son niueau.

E troisiesme moyen de faire monter, est par l'aide du feu, dont il se peut faire diuerses machines, i'en donneray icy la demonstration d'vne. Soit vne balle de cuiure marquee A. bien soudee tout à l'entour, à laquelle il y aura vn souspiral marqué D. par ou l'on mettra l'eau, & aussi vn tuyau marqué B. C. qui sera soudé en haut de la balle, & le bout C. aprochera pres du fond, sans y toucher, apres faut emplir ladite balle d'eau par le souspiral, puis le bien reboucher & le mettre sur le feu, alors la chaleur donnant contre ladite balle, fera monter toute l'eau, par le tuyau B. C.

THEO-

THEORESME VI.

L'eau ne peut monter par l'aide de l'air si ce n'est pour descendre plus
bas que son niveau.

Herone spi-
ritals 56.
Theore.

LE quatriesme moyen de faire monter l'eau, est par l'aide de l'air, & en
donneray aussi vn exemple par la machine de Herone, laquelle est d'v-
ne invention fort gentille & subtile. Soyent deux Vaisseaux marquees A. & B. bien clos, & soudees de tous costez, & posez l'vn sur l'autre, selon la distance quelon veut faire monter l'eau, & 3. tuyaux C. D.
E. F. G. H. seront soudees ausdits vaisseaux, en la maniere qui sensuit,
soit soudé C. D. à trauers le vaisseau A. en sorte que le bout C. passe à
trauers le costé de haut dudit vaisseau, & le bout D. aprochera autant du fond du vaisseau B. comme il faut pour
laisser passer l'eau, apres soit le tuyau E F. soudé le bout E.
sur le costé de haut du vaisseau B. & le bout F. aprochera
autant du costé de haut du vaisseau A. cóme il faut pour
laisser passer l'air, soit l'autre tuyau G. H. soudé à trauers le
costé de haut du vaisseau A. en sorte que le bout H. soit
seulement autant distant du fond du vaisseau comme
il est besoing pour laisser passer l'eau, & y aura aussi vn souspiral marqué I. par lequel le vaisseau A. sera rempli, &
apres le faudra bien boucher & verser de l'eau dans le
petit recipien au dessus du vaisseau A. laquelle eau descendra par le tuyau C. D. au vaisseau de bas, lequel estát
serré de tous costez, l'air ne pourra sortir que par le tuyau
E. F. pour aler au vaisseau de haut, & ne pouuant encores sortir poussera l'eau par le tuyau
H. G. laquelle tombera dans le petit recipien, & descendra par le tuyau C. D. & durera ce
mouuement tant qu'il y aura de l'eau dans le vaisseau de haut.

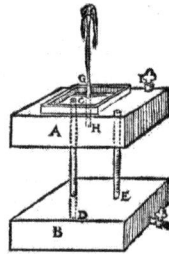

Demonstration de la hauteur que la precedente machine fait
monter l'eau.

I'AY pensé qu'il seroit bon de demonstrer la hauteur que la precedente machine monte son eau,
& ce d'autant que celles qui sont desseignees aux
liures de Herone & Cardan, ne peuuent ietter
leur eau en haut, quand le vaisseau de haut est
presque vuide, d'autant que les vaisseaux sont
ioints l'vn à l'autre, sans distance entre deux, donques quand ladite machine commencera de courir, l'eau descendante par le tuyau C. D. fera monter celle du vaisseau de haut (au tuyau
G) depuis H. iusques à L. d'autant que ladite distance est pareille à
C. D. mais quand le vaisseau est presque vuide, alors la hauteur de
l'eau au tuyau C. D. ne sera si grande, car le vaisseau de bas estant
presque plein acourst ladite hauteur, de la hauteur dudit vaisseau,
& celuy de haut estant presque vuide, alonge la hauteur du tuyau
G. ainsi rabatant l'espesseur des deux vaisseaux, l'eau montera au
point M. quand la machine viendra à faillir.

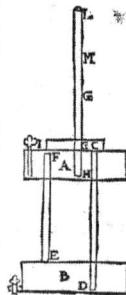

THEO.

THEORESME VII.

L'eau peut monter en haut par diuerses machines conduites par sa force mesme, ou autre que ce soit.

LA diuersité des machines propres pour leuer l'eau est grande, & entre toutes celles qui ont esté inuentees en l'antiquité il y en a vne de l'invention d'Archimedes, dequoy parle Diodore Sicilien, & dit qu'Egypte a esté assechee par la vis d'Archimedes; Vitruue aussi en fait mention, comme aussi fait Cardan, & dit qu'vn de Rubeis Milanois pensant estre le premier inuenteur de ceste Machine en deuint fol de ioye, & à dire vray, ceux qu'ignorent les proportions des forces mouuantes, iugeront ceste machine estre vn moyen de faire vn mouvement continuel, d'autant qu'ils penseront que l'eau se haussant par ladite machine sera capable de la faire tourner, la fabricque en sera telle, faut auoir vn tuyau de plomb où de cuivre, & le tourner en façon de vis, comme la figure le demonstre, apres le faut poser en pente comme la diagonale d'vn quarré, l'vn des bouts dedans, qui tournera sur vn pivot, & l'autre bout sera apuié contre vne muraille ou piece de bois, en sorte qu'il puisse estre tourné par force d'homme, ou autre que ce soit, & alors quand le bout du bas marqué A. vient à se hauser en tournant, l'eau qui sera dans la vis, descendra tousiours dans ledit tuyau, & en fin se trouuera en haut, de sorte que l'eau en descendant par cest instrument, monte tousiours, iusques à ce qu'elle sorte, la consideration de ceste machine est admirable, car la proposition d'icelle se contredit, d'autant que l'eau descendante par icelle monte en haut.

Diodore Sicilien en son Histoire antique liure premier.
Vitruue liure XI.
Cardan en sa subtilité.

THEORESME VIII.

Aux machines propres pour leuer l'eau, la pesanteur de ladite eau se mesure par sa hauteur.

C'EST une chose assez cogneue, que s'il y a vn trou au fond d'vn vaisseau plein d'eau, que l'eau se vuidera plus viste au commencement qu'a la fin, & la raison est, que l'eau estant de plus grande hauteur, pese d'avantage, & contraint celle de bas de sortir plus viste, le mesme est à vn tuyau qui sera au fond d'vn vaisseau, car le vaisseau sera bien plustost vuide, si le tuyau est long, que quand il est court, la mesme raison se trouue encores approuuee aux pompes ordinaires car si l'eau est 24. pieds en bas, elle sera bien plus forte à tirer en haut, que celle qui n'a que 12. pieds, encores que le tuyau de 12. pieds fut beaucoup plus gros que celuy de 24. & qu'il contint d'avantage d'eau, car la quantité de l'eau, ne rendra point la machine plus pesante à tirer, mais bien la longueur.

C j.

THEORESME IX.

L'air passe à travers l'eau quand il est pressé.

AUcuns hommes se sont fort abusez en la construction de plusieurs machines, lesquelles apres avoir esté faites n'ont pas reussi, ny fait l'effect ainsi qu'ils pensoient, d'autant qu'ils ont ignoré les raisons des forces mouuantes, ainsi ont fait ceux qui ont traduit Heron, lesquels on fait beaucoup de leurs figures fausses; & reciteray vne sur ce subject, pour monstrer que l'air passe à travers de l'eau, le cinquantecinquiesme problesme est figuré de la façon. Soit vn vase marqué A. B. sur la base L. K, M. N. auquel y aura 3. sisons comme la figure le demonstre, & à chascun d'iceux, il y aura vn petit tuyau court marqué F. G. H. lesquels seront plus gros que les sisons, en sorte que l'eau desdits sisons puisse passer entre deux, ainsi versant de l'eau dans le vase A. B. quand elle viendra en la superficie du sison E. ledit sison vuidera toute l'eau que l'on auoit mise dans ledit vase, & alors le petit tuyau H. restera plein d'eau, & apres que l'on remettra de l'eau dans le vase, (dit le traducteur) ladite eau se haussera iusques à la superficie C. sans qu'elle coure par le sison E. d'autant dit-il que l'eau estant au tuyau H. empeschera l'air de sortir du sison, & par consequent d'auoir son cours, ce qui ne peut estre, car ledit tuyau H. estant court comme il est figuré, l'air bouillonnera à trauers de l'eau, incontinent que l'eau surpassera la superficie E. de la hauteur du tuyau H, & ainsi pour empescher cest accident, il faudroit que ledit tuyau H. fut aussi haut, comme les lignes ocultes O. & en faire aux autres tuyaux F. G. autant. Car il est certain que l'eau se mesure par sa longueur, & si la distance d'entre la superficie du sison, & la superficie de l'eau du Vase A. B. est plus longue que les tuyaux F. G. H. l'air passera ou bouillonnera à trauers l'eau comme a esté dit, l'experience aussi de cecy se voit en vn tuyau de plomb ou cuiure, car si on met vn des bouts dans l'eau, pourueu qu'il ne soit trop profond, & que l'on souffle par l'autre bout, l'air comme a esté dit, bouillonnera tout à trauers de l'eau, il y a aussi vn pareil accident de la mesme nature qui arriue aux pompes simples, c'est quand l'on veut forcer l'eau à monter plus haut, que la nature de la machine ne souffre, l'air entrera à trauers de l'eau, comme sera monstré par cy apres, aux machines propres pour hausser l'eau auec les pompes.

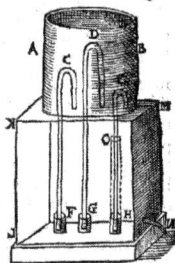

THEORESME X.

La force du contrepois qui fait mouuoir vne balance, est proportionnee suivant son
eslongnement du point de gravité.

POur donner congnoissance des forces mouuantes par le moyen du contrepois, nous commencerons à la balance, autrement dite Romaine, soit doncques fleau de balance marquee A. B. dont le point de gravité soit marqué C. & soit ledit fleau gradué en huit parties esgalles, savoir 4. de chacun costé du point de gravité, ainsi si un poids de 12. liures est pendu au point I. il sera esgallement balancé à un semblable pois pendu au point D. & si un pois

de

de 6. livres est pendu au point E.
il sera esguallement balancé audit pois de 12. livres pendus au
point I. & si vn pois de 4. livres est pendu au point F. il sera encores esguallement balancé ausdites 12. livres , & si vne
des 3. livres est pendu au point
B. il sera encores esgal au dits de

12. livres : tellement que ceste progression se fera tousiours en diminuant la pesanteur
du pois , qui s'eslongne du point de gravité.

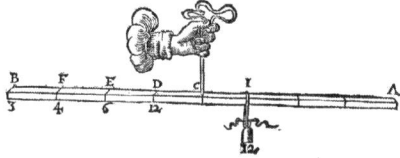

THEORESME XI.

*Si vn des bouts de la susdite Balance , où Fleau est abaissee, l'autre se levera ,
& toutes les susdites parties mouveront, en proportion de l'esslogue-
ment du point de gravité.*

POVR demonstrer la raison de ses proportions icy , soit tiree une ligne
droite B. A. aussi longue comme le fleau de la susdite balance B. A.
& soit le milieu de ladite ligne le point de gravité marqué C. & soit
le milieu de ladite ligne le point de gravité marqué C. & soit ladite
ligne aussi graduee de semblables portions comme la susdite , apres
faut tirer vne autre ligne à discretion trauersante le point C. laquelle
passera à trauers le point de gravité & sera aussi graduee de semblables portions comme lautre, apres faut metre vn des pieds du compas au point C. & de
lautre faire les portions de cercles comme il se peut voir en la figure, ainsi la portion de
cercle N.D. sera esgualle à Q. I. & O. E. sera double audit Q.I. & P.F. sera triple audit Q.I.& M.B.sera quadruple, ainsi il se peut voir que la proportion du poix, est conre-
spondant à la proportion de la distance sur les portions des cercles qui sont entre lesdites
lignes, & multipliant les parties des portions de cercles qui sont entre lesdites lignes par
le nombre du pois qui y est ioint, lon aura la quantité du premier, comme par exemple
multipliant quatre parties de la portion M.B. par trois liures pesant, lon aura 12. nombre
esgual au pois du premier point, & ainsi sera des autres.

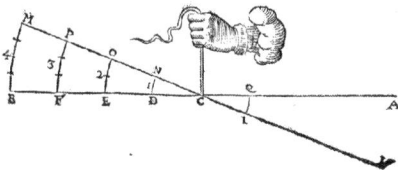

THEORESME XII.

Le temps de la motion s'accorde avec le mouvement du contrepois.

CE qui est icy apellé temps est l'interualle qui est depuis le commencement du mouuement de la machine, iusques à la fin dudit mouuement, & si cestedemonstration estoit bien consideree, plusieurs hommes ne s'abuseroient en la construction de diuerses machines, par lesquelles ils pensent faire esleuer vn grand fardeau par vne petite force, ce qui est bien possible comme sera demonstré, mais il faut aussi que la petite force face dauantage de chemin comme a esté demonstré par la precedente, & par la presente ie demonstreray qu'il faut que ce chemin se face en mesme temps. Soit une pareille figure comme la precedente, à laquelle sera imaginé vn poids de 12. liures au point Q. lequel fera abaisser le fleau au point I. il est certain que s'il y a vn pois de trois liures au point B. il s'esleuera en mesme temps au point M. & ainsi comme C. B. est quatre fois aussi long comme Q. C. ainsi B. M. sera quatre fois aussi long comme Q. I. ainsi il se peut voir que ces deux poids estans en equilibre l'vn auec l'autre, si l'vn est abaissé, que l'autre haussera proportionnalement, selon la distance du point, de grauité, tellement que trois liures, pourront bien leuer douze liures, vn pied de hauteur, mais il faudra que les trois liures s'abaissent au moins quatre pieds.

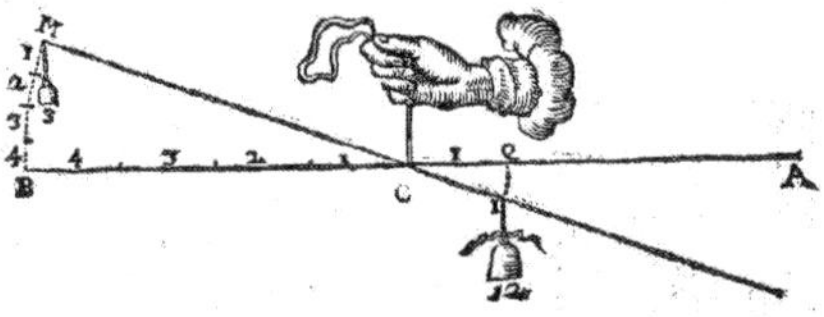

THEORESME XIII.

Le mouvement du Leuier, s'accorde avec celuy de la Balance.

LA RAISON de la force du Leuier, autrement dit pied de Chevre, se demonstre estre telle que les precedentes, comme par exemple : Soit vne grosse pierre quarree, marquee R. & le Leuier N. O. dont la pointe O. touchera contre terre, & apuiera la pierre au point P. ainsi si la force de l'homme leue le point C. comme si c'estoit cinquante liures pesant, le point P. leuera par raison 200. liures, d'autant que le point C. fera quatre fois autant de chemin en mesme temps, comme le point P. aussi, il se rendra esgal, à quatre fois la pesanteur.

THEO-

THEORESME XIIII.

Aux machines qui se font à tirer fardeaux par le moyen des poulies, si la force est double lon
tirera 20.pieds de corde, pour faire lever le fardeau 10.pieds.

I TRVVE fait mention de ceste sorte de machine, dite des Grecs tro-
clearum, laquelle a son mouuement par le moyen des poulies. Soit i-
celle faite comme la figure le demenstre, & aux moufles marquees
D. E. il y aura à chacune une poulie, & soit une corde passee à trauers lesdites poulies,
dont vn bout sera a-
taché à la moufle du
haut, & lautre bout seruira pour tirer
le fardeau, comme il se peut voir en la
figure, donques si lon tire ledit bout de
corde marqué G. vn pied en bas, le fardeau qui sera attaché à la moufle E. en
mesme temps leuera vn demi pied, & ce
d'autant que la corde est passee double
aux polies, ainsi si lon tire 20. pieds de
corde, le fardeau ne leuera que 10.aussi
vn homme tirera aussi pesant auec ceste
machine, comme en feroient deux, si la
machine estoit simple, mais les deux hô-
mes tireront en mesme temps le double de la hauteur sauoir 20.pieds, auant
que lautre en aye tiré plus de dix, & si aux
moufles il y auoit deux poulies, comme
la figure M. la force seroit quadruple,
mais aussi ne monteroit le fardeau que 5.pieds en tirant 20.pieds de corde.

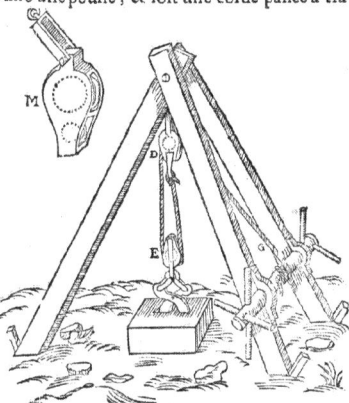

THEORESME XV.

Aux roues dentelees, si vn pignon fait 8.tours, pour faire mouuoir vne roue dentelee vn tour,
& que laxe de ladite roue soit en diametre comme ledit pignon, ladite
axe leuera 8. fois autant que ledit pignon.

Es roues dentelees se font
encores auec la mesme
raison comme les prece-
dentes, car en augmen-
tant la force, lon augmê-
te proportionnalement
le temps, comme par exemple, soit une
machine à leuer fardeaux, faite en telle
sorte qu'vn pignon marqué A. puisse
tourner vne grande roue dentelee, marquee B. ledit pignon aura 6.dents, & la
grande roue 48. ainsi il faudra que ledit
pignon face 8.tours côtre la grande roue
vn, tellement que si vne liure est pendue à
laxe C. elle sera esguallement balancee à
8. liures pendues à laxe E. moyennant
que lesdites axes soyent de pareille grosseur, ainsi quand lon voudroit tirer 400.

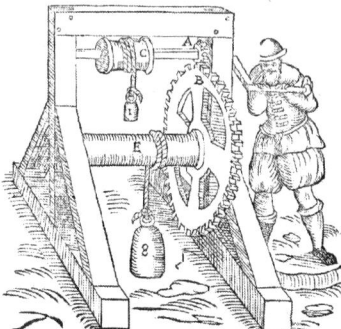

liurés auec ladite axe E. ils ne donneroyent non plus de trauail à tirer que 50. liures fe-
royent à laxe C. aussi le pois monte 8.fois autant en laxe C. comme il feroit estant en
laxe E. tellement qu'vn homme seul, fera autant de force tirant vn fardeau par ceste
machine comme huit hommes feroient ayant chacun vn axe C. mais aussi si les huit
hommes sont vne heure à leuer leur pois, l'homme seul sera huit heures à leuer le sien.

THEORESME XVI.

Par la multiplication de la force, on levera vn fardeau quelque pesant qu'il soit.

LA multiplication des forces moüuantes est si grande, qu'Archimedes
disoit que s'il eu seu ou apuyer vne machine, qu'il eut fait remuer la terre, veritablement la force des roues dentelées se fait auec l'imagina-
tion iusques à l'infini comme ie demonstreray icy par vne machine
encores qu'elle ne peut estre mise en vsage, car il ne se presente point de
fardeaux si grands à remuer, & mesmement on ne la pourroit faire
forte assez pour suporter vn si pesant fardeau, soit donques vne roüe
marquée A. laquelle aura 96. dents, & sera tournée par vn pignon B. qui aura 8. dents,
ainsi ledit pignon fera 12.tours contre la roue A. vn, apres soit à laxe dudit pignon vne
roue C. encores de 96.dents moüuée par vn autre pignon D. aussi de 8.dents, ainsi ledit
pignon D. fera aussi 12.tours contre la roue C. vn, tellement que ledit pignon D. sera 12.
fois 12.tours, qui font 144.contre la roue A. vn tour, apres soit encores vn pareil pignon E.
& vne troisiesme roue F. de mesme nombre de dents, il faudra que ledit pignon F. face
1728.tours contre la roue A. vn, & apres le pignon de la quarriesme roue marqué G. fera
20736. tours contre ladite roue A. vn, & apres le pignon H. fera 248832. tours, & celuy
L. 2985984. contre la susdite roue A. vn tour, tellement que si vn homme tourne tous
les iours la manneuelle 10.mille tours, il sera 298. iours & demi pour faire tourner ladite roue. A. vn tour aussi si l'on met autant de liures pesant, à laxe de la roue A. comme
le nombre qu'il faut que la manneuelle face de tours contre la roue A. vn, tout ce grand
fardeau sera esguallement balancé à vne liure penduë à la manneuelle N. tellement que
chacune roue que lon aioustera, augmentera la force de 12.fois autant, & ainsi auec ceste
augmentation de roues, lon pourroit aller iusques à l'infiny, suiuant la proposition de
Archimede.

$$
\begin{array}{cl}
1 & \\
12 & \text{Premier pignon.} \\
12 & \\
\hline
24 & \\
12 & \\
\hline
144 & \text{Second.} \\
12 & \\
\hline
288 & \\
144 & \\
\hline
1728 & \text{Troisiesme.} \\
12 & \\
\hline
3456 & \\
1728 & \\
\hline
20736 & \text{Quattriesme.} \\
12 & \\
\hline
41472 & \\
20736 & \\
\hline
248832 & \text{Cinquiesme.} \\
12 & \\
\hline
497664 & \\
248832 & \\
\hline
2985984 & \text{Sisiesme.}
\end{array}
$$

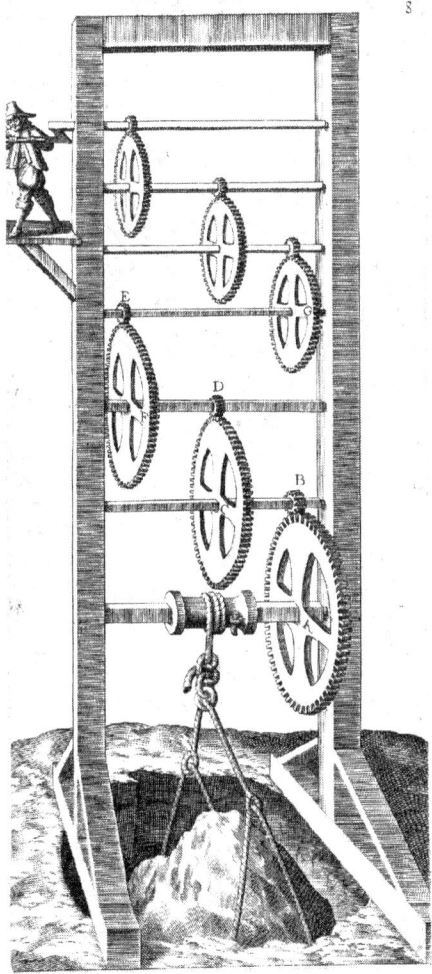

THEORESME XVII.

De la force du pignon à vis.

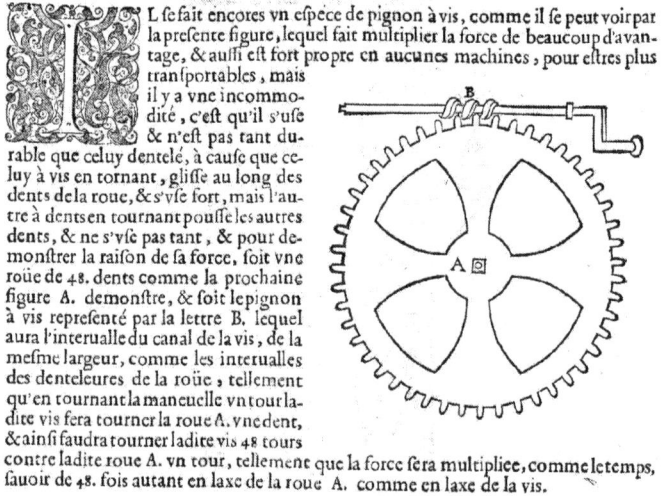

IL se fait encores vn espèce de pignon à vis, comme il se peut voir par la presente figure, lequel fait multiplier la force de beaucoup d'avantage, & aussi est fort propre en aucunes machines, pour estres plus transportables, mais il y a vne incommodité, c'est qu'il s'vse & n'est pas tant durable que celuy dentelé, à cause que celuy à vis en tornant, glisse au long des dents de la roue, & s'vse fort, mais l'autre à dents en tournant pousse les autres dents, & ne s'vse pas tant, & pour demonstrer la raison de sa force, soit vne roüe de 48. dents comme la prochaine figure A. demonstre, & soit le pignon à vis representé par la lettre B. lequel aura l'interualle du canal de la vis, de la mesme largeur, comme les interualles des denteleures de la roüe, tellement qu'en tournant la maneuelle vn tour la dite vis fera tourner la roue A. vne dent, & ainsi faudra tourner ladite vis 48 tours contre ladite roue A. vn tour, tellement que la force sera multipliee, comme le temps, sauoir de 48. fois autant en laxe de la roue A. comme en laxe de la vis.

THEORESME XVIII.

La force de la presse à vis, est conformé à toutes les precedentes.

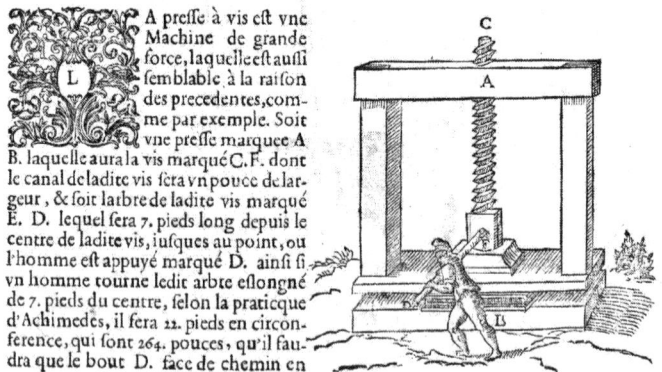

LA presse à vis est vne Machine de grande force, laquelle est aussi semblable à la raison des precedentes, comme par exemple. Soit vne presse marquee A B. laquelle aura la vis marqué C. F. dont le canal de ladite vis sera vn pouce de largeur, & soit l'arbre de ladite vis marqué E. D. lequel sera 7. pieds long depuis le centre de ladite vis, iusques au point, ou l'homme est appuyé marqué D. ainsi si vn homme tourne ledit arbte eslongné de 7. pieds du centre, selon la praticque d'Achimedes, il fera 11. pieds en circonference, qui sont 264. pouces, qu'il faudra que le bout D. face de chemin en

mesme

mefme temps que ladite vis s'abaiffe vn pouce, & par toutes les raifons precedentes, fi lon multiplie 264.par 50.liures, qui eft viron la force que l'homme aura en pouffant l'arbre E. D. ainfi ces nombres produiront 13200.liures, tellement que fi lon met ledit pois def-fus la preffe, elle aura la mefme force, comme eftant preffee auec l'arbre, & force de 50. li-ures, qui fera la mefme proportion, comme s'il y auoit vn leuier ou fleau gradué de 264. pouces d'vn cofté, & vn pouce de l'autre, & qu'il y eut 50.liures pefant, pendues au bout dudit leuier marqué B. il eft certain que fuiuant le trefiefme theorefme, le bout A. au-ra la force de leuer 13200.liures, qui eft la mefme force que la preffe abaiffe.

PROBLESME PREMIER.

Pour faire esleuer l'eau par le courant d'vne riuiere, & la force de la pompe.

ESTE fuiuante machine vulgairement dite pompe, eft apellee de Vi-truue & de Herone Machine Steſbique, retenant le nom de l'inuen-teur d'icelle, qui fut Steſibie Alexandrin, ie monftreray trois moyens pour fe feruir a esleuer l'eau par cefte machine, le premier fera par le courant d'vne riuiere (comme la fuiuante figure demonftre) ou il y a vue roue a eau, & à chacun bout de l'arbre de ladite roue, il y aura v-ne manneuelle de cuiure forte, & baftante pour fouftenir la force & pefanteur de ladite roue, & fi ladite roue a dix pieds de large, & douze pieds de diame-tre lefdites manneuelles auront au moins quatre pouces en quarré, & feront arrondies au millieu aux places marquees A. & foit auffi deux pieces de bois nommees leuiers marquees par les lettres B. & C. aiuftees dans les bras defdites manneuelles, lefquel-les quand la roue tournera, l'vn fe leuera & l'autre s'abaiffera, & lefdits leuiers feront auffi aiuftez dans les deux bras ou brancars marquez D.E. lefquels en hauffant feront hauffer les feaux, ou foupapes des pompes alternatiuement, & ainfi l'eau montera dans le vaiffeau F. & de là on la pourra conduire ou l'on voudra, quand à la hauteur qu'elle doit monter, ie fuis d'auis qu'il ne la faut contraindre à monter plus de trente pieds de haut auec vne feule pompe, comme fera enfeigné au fuiuant Problefme, le gros tuyau G. eft le lieu ou la foupape eft enferree, qui fouftient l'eau, quand les feaux ou foupapes des pompes ne la hauffe point, la figure auec la pratique ordinaire que l'on a des pompes, donnera facile intelligence de cefte Machine, & fi le courant de la ri-uiere eft fort, & que l'on defire auoir quantité d'eau, l'on fera le diametre du dedans des barils de dix ou douze pouces, & que lefdits barils ayent huit ou neuf pieds de haut, & faut pour bien faire que les feaux hauffent & baiffent quatre pieds, & quand ils font en leur plus grande hauteur, qu'ils ayent auffi quatre pieds d'eau au deffus, à celle fin que l'accident dont a efté parlé au neufiefme Theorefme n'aduienne, car fi l'eau n'e-ftoit haute affez entre la fuperficie du baril & le feau, il eft certain que l'air pafferoit à trauers de l'eau par bouillons, & rendroit la machine inutile, & fpecialement quand on la force de monter au deffus de quinze ou vingt pieds, c'eft pourquoy l'on prendra bien garde que cest accident n'aduienne, la proportion auffi des tuyaux M. N. O. fe-ront de quatre pouces en diametre, fi les barils en ont douze, & fi lefdits barils font plus petits, lefdits tuyaux feront à l'aduenant auffi plus petits, il fe fait vne autre forte de pompe appellee rénuerfee de laquelle le baril eft dans l'eau de la riuiere, & le feau eft

D   mis

mis dedans par le bas dudit baril haufant & baiffant en cefte façon , mais ie ne fuis d'aduis que lon fe ferue en aucune maniere de cefte inuention de pompe , à caufe des accidents qui arriuent en icelle , car l'eau montant par cefte façon , fait que beaucoup de paillettes & ordures montent auec, & s'arreftent en dedans les foupages , lefquelles fon empefchees de bien ferrer, & s'il y a feulement vn poil en dedans ladite foupape,ce-la donnera vn grand empefchement à lefleuation de l'eau,mais en cefte prefente façon cefte faute ne peut arriuer que rarement , à caufe que l'eau en montant en la foufpape G. s'il y a quelque ordure , elle n'y pourra monter à caufe de fa pefanteur , & fi c'eft quelque chofe de leger il n'y pourra non plus arriuer,à caufe que le bout du tuyau O. trempera au pied dans leau, & ainfi ladite foufpape fera hors de danger de fe gafter par les ordures qui font meflees auec l'eau.

PROBLESME II.

Autre moyen de lever leau, par le moyen d'vn ruisseau.

ESTE autre façon de leuer leau, se fera auec vn Ruisseau d'eau esleué, & qu'il puisse tomber sur la roüe **A**. pour la faire tourner, & en tournant, fera esleuer leau de la pompe **B**. iusques à 24. où 30. pieds haut, & lautre costé **C**. prendra ladite eau, en la premiere eleuation, dans le bassin **D**. & la pourra encores leuer 24. où 30. pieds haut, La figure precedente, donnera le moyen & intelligence de l'esleuement en la premiere hauteur, & la seconde hauteur, se fera par le mesme moyen, comme il se peut facilement comprendre par la figure, laquelle figure n'a peu estre faite haute assez, selon la proportion de ses mesures, à cause que le papier ne la permis, mais il sera facille d'imaginer ladite hauteur, comme elle doit estre.

PROBLESME TROISIESME.

*Pour eslever vne eau de source ou de riviere par la force
des chevaux.*

MAIS s'il ny auoit riuiere assez forte, ny ruisseau courant, lon pourra esleuer l'eau par le moyen & force d'vn cheual, ou de plusieurs, selon la quantité & la hauteur que lon la desire, ce present desseing est fait pour esleuer ladite eau 60.pides haut, & quatre cheuaux en leueront viron 60.muis en vne heure de temps, qui sont viron 30000.liures pesant. Soit donques premierement vn arbre de bois bien droit, vn pied en quarré, & 60.pieds de haut marqué A. lequel tournera entre deux piuots, & en haut pres du bout il y aura vne roüe dentelee de 24. dents marquee B. laquelle fera tourner vne Lanterne ou pignon de 12. branches marqué C. & audit pignon ily aura vne roüe de fer ou de cuiure, de viron deux ou trois pieds en diametre, & de dixhuit dents de tour, marquee D. mais il ny aura que neuf dents en la moitié de la circonference, lautre moitié demeurant vuide, & y aura aussi deux autres roués, marquees E. & F. chacune de la grandeur de lautre, & aussi de neuf dents à chacune roué, & seront toutes trois posees les parties dentelees en haut, puis faudra poser vne poulie au dessus, marquee G. ou sera passee vne corde, laquelle aussi sera atachee ferme par les deux bouts aux arbres des roués E. & F. en sorte passee, que tournant vne desdites roués, lautre se puisse destourner, comme il se pourra voir, & mieux considerer en la Figure de l'Ortographie suiuante. En apres faut bien poser lesdites roués E. & F. contre celle D. en sorte que D. tournant tousiours d'vn mesme costé, face tourner E. vn demi tour, & alors qu'elle sera en la derniere dent, la premiere de la roüe F. se presentera contre la roüe D. à cause que celle de E. la fait destourner par le moyen de la corde & poulie commune G. & apres que ladite roüe D. aura atrapé la premiere dent de F. continuera iusques à la neusiesme, & apres la premiere de la roüe E. se presentera derechef, & ainsi les deux roués E. & F. tourneront, & se destourneront alternatiuement vn demi tour, & aux axes H. & L. seront atachees deux fortes cordes, lesquelles leueront les deux Seaux qui vont dans les barils M. N. & auront viron trois pieds de ieu, hausant & baissant, & seront faits de cuiure, bien aiustez dans les barils, & qu'ils puissent iouer dedans facilement, sauoir quand ils sont haussez, qu'ils puissent descendre d'eux mesmes, sans estre contrains d'estre poussez en bas, & ainsi on ne mettra nul cuir à lentour desdits seaux, comme on fait ordinairement aux pompes communes, & faut noter que tant plus les seaux haussent viste, tant plus d'eau s'esleuera, ce qui se peut obseruer en toutes les façons de pompes.

Faut aussi noter que les deux pieces de trauers O. P. ne doit estre qu'vne piece, à laquelle se doit ioindre lautre trauers Q. dans lequel trauers, tournera les quatre piuots des roués B. C. E. F.

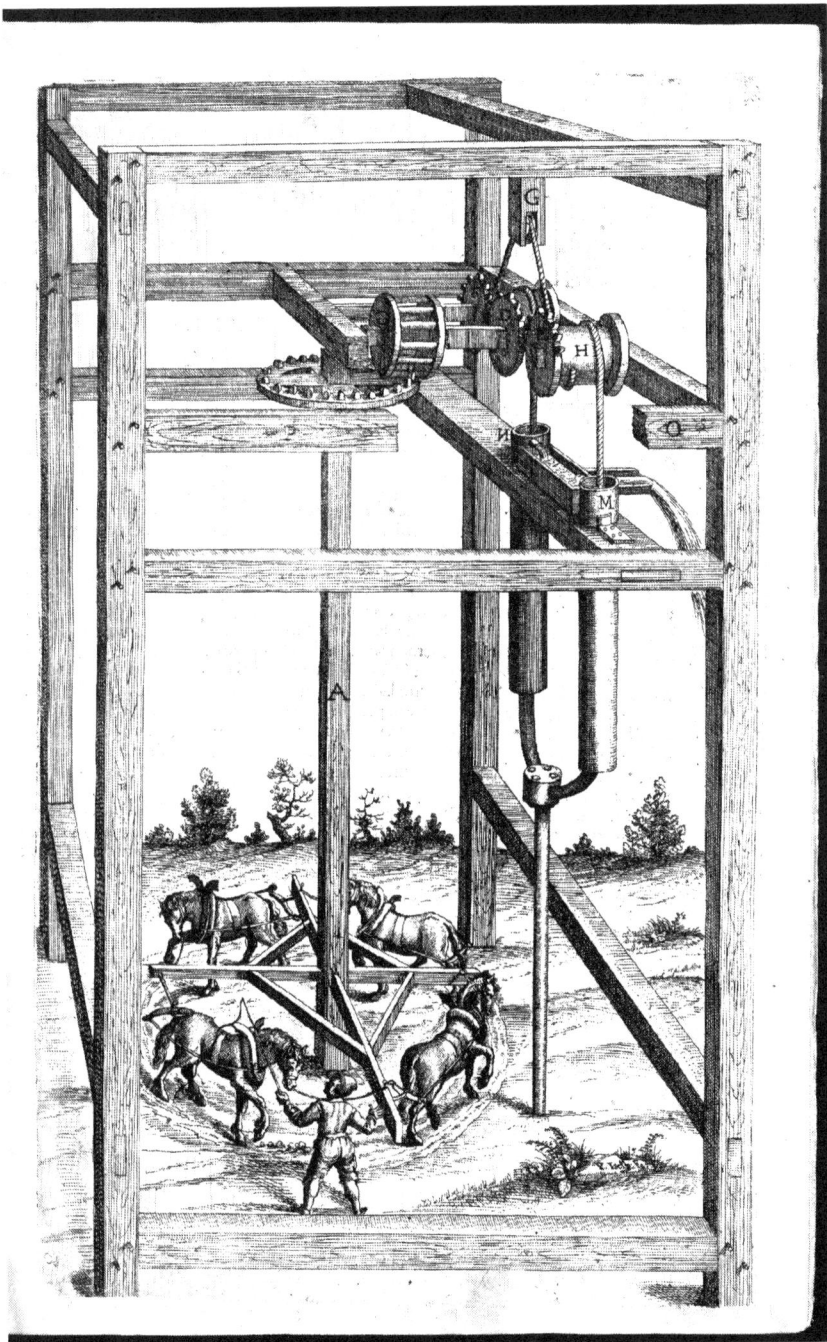

PROBLESME QUATRIESME.

Plan de l'ortographie de la precedente machine.

POur donner plus facille intelligence de la precedente figure, i'ay representé icy le plan de l'ortographie, à fin que par iceluy lon puisse entendre le mouuement & rencontre des trois rouës E. D. F. soyent
donques lesdites roues de chacune 9.dents en la moitié de la circonference, & que les parties dentelees d'icelles roues soyent tournees en
haut, en sorte que la premiere dent de l'vne, s'acroche auec la roue
D. quand la derniere de lautre roue passe outre, & faut qu'il y aye v-
ne corde marquee R. S. passante dans vne poulie marquee T. laquelle sera attachee
ferme aux deux axes, comme il se peut voir en la figure, en sorte que si les dêts de la roue
E. sont acrochees, la corde qui est ferme à laxe de ladite roue fera tourner celle de F.
vn demi tour, & fera presenter la premiere dent V. quand la derniere de la roue E.
marquee X. passera, & ainsi la roue F. faisant son demi tour, fera destourner celle E.
au mesme estat que deuant, tellement que par le moyen de ce demi tour (alant & venant) le seau de la pompe se leuera & abaissera, comme si cestoit vne maneuelle tournante, & la difference qu'il y a entre ladite maneuelle & ceste presente inuention, est
que ladite maneuelle ne leuent le seau perpendiculaire, comme fait ceste presente inuention, laquelle est beaucoup meilleure, mesmement que pour leuer l'eau si treshaut, &
en telle abondance, il faudroit que lesdites maneuelles fussent trespuissantes, comme a
esté dit par cy deuant, & aux machines precedentes pour leuer l'eau, par le moyen des
roues à eau, si lon ne pourroit bien faire lesdites maneuelles, l'on pourra vser de ceste
presente inuention, quand aux bareils, si lon veut espargner la quantité de cuiure ou
plomb qu'il faudroit auoir, en les faisants de treze ou quatorze pieds de long, on les
pourra faire seulement de quatre pieds long, de la grosseur du seau, comme il se peut
voir en ceste figure, puis emboiter dessus vn autre tuyau plus menu. Z. Y.

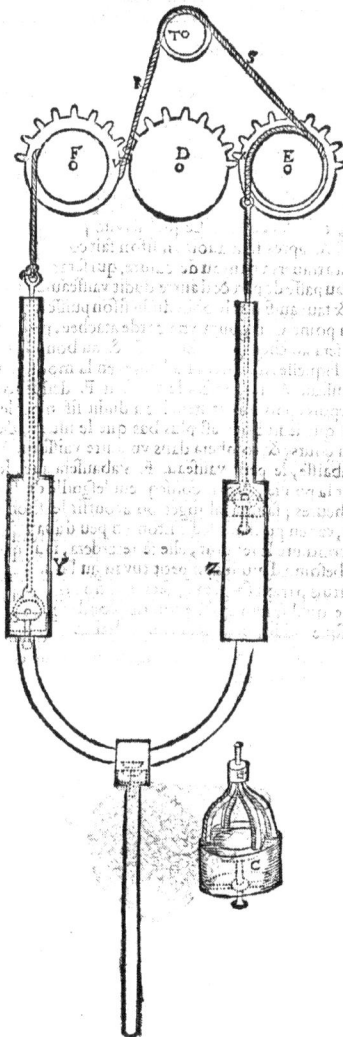

PROBLESME V.

Pour faire esleuer partie de l'eau d'vne source, cinq ou six pieds haut.

I L Y A P L V S I E V R S maisons & iardins, dont les situations sont plus hautes que les sources voisines, & s'il y a quelque pente ausdites sources de six ou sept pieds, l'on pourra hausser partie de ladite eau, ce qui est vne inuention fort subtille, laquelle estant bien entendue, l'on en pourra tirer grande vtilité. Soit donques la source conduite à vn lieu ou il y aye six ou sept pieds de pente, puis soit fait deux vaisseaux de plomb, bien soudez & fermez de tous costez marquez A. & B. lesquels seront trois ou quatre pieds en quarré celuy A. aura demi pied en hauteur, & celuy de bas huit pouces, & la distance de l'vn vaisseau à l'autre sera de cinq pieds, & y aura vn receptacle au dessus du vaisseau A. marqué C. auquel entrera l'eau de la source. Soit aussi les deux tuyaux K. & E. faits en sorte que par celuy E. l'eau de la source entrera & emplira le vaisseau A. puis estant plain, on le bouchera auec le bouchon F. & l'eau de la source montera iusques au bout du tuauy K. lequel bout sera vn peu plus haut que celuy E. puis entrera dans le vaisseau B. par celuy tuyau K. & au dessus dudit vaisseau B. il y aura vn tuyau M. soudé lequel passera par dessus le vaisseau A. & aussi le receptacle, & sera recourbé en bas, & soudé contre le haut dudit vaisseau A. tellement que l'air du vaisseau B. puisse entrer par ledit tuyau au vaisseau A. & puisse contraindre l'eau de monter par le tuyau N. comme a esté demonstré au Theoresme 6. & ainsi quand le vaisseau A. sera vuide, il faudra rouurir le tuyau E. & alors l'eau de la source r'entrera dedans iceluy vaisseau, & faudra aussi ouurir le robinet R. pour laisser escouler l'eau du vaisseau B. dehors, & alors que le vaisseau A. sera remply, & celuy B. vuide, il faudra faire comme par deuant, & l'eau montera derechef, & ainsi ouurant & serrant les deux vaisseaux comme a esté dit, la moitié de l'eau de la source, montera cinq pieds plus haut que son origine, & l'autre moitié descendra en bas, quand à la recourbeure du tuyau. K. cela est fait pour euiter que l'air ne sorte du vaisseau B. quand l'eau entrera dedans, faut aussi noter que la monteure de charpenterie n'a point esté faite à ce present desseing pour ne le point ofusquer.

PRO.

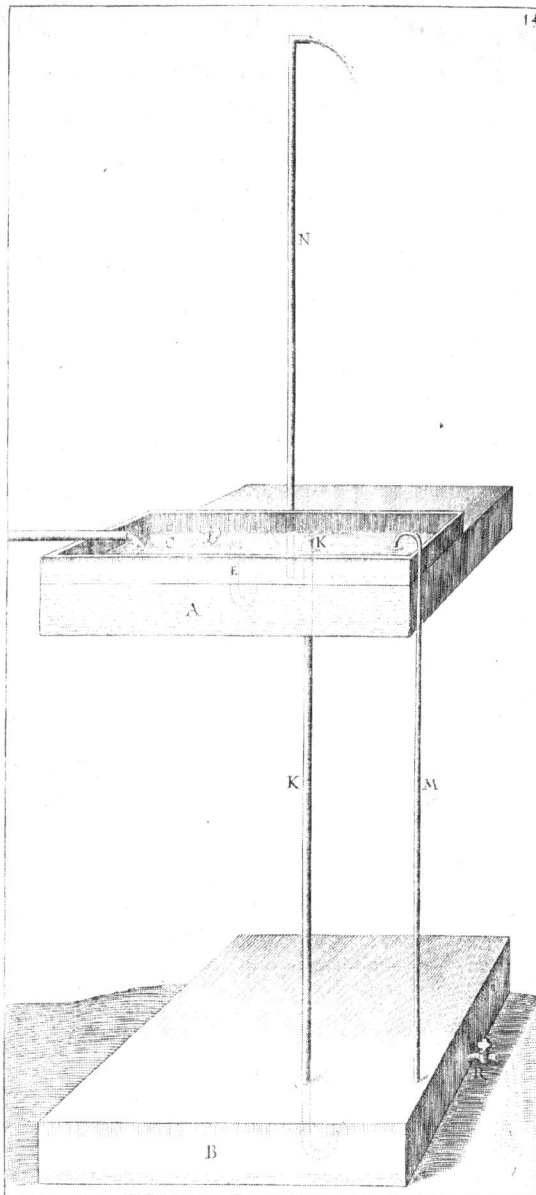

Liure premier.

PROBLESME VI.

Machine fort subtille, par laquelle les vaisseaux de la precedente s'ouurent & serrent
d'eux mesmes, par le moyen de l'eau.

PAR la precedente il a esté monstré de leuer partie de l'eau d'vne source, & d'autant que c'est vne grande subiection d'ouurir & serrer con-
tinuellement les vaisseaux, i'ay trouué vne inuention, laquelle par
laide seulement de la mesme eau, lesdits vaisseaux se pourront ouurir & serrer tousiours à propos, laquelle se fera en ceste sorte. Soit
premierement les vaisseaux A. & B. comme en la precedente, & mesmement tous les tuyaux, & au bout de haut de ceux E. & K. il y aura
deux robinets faits & posez en sorte auec deux branches ou verget-
tes de fer, ou cuiures marquees C. D. & deux registres ioints à icelles marquees F. G.
ausquels registres la corde M. N. sera atachee, & quand ladite corde se tirera du costé
N. alors il faut que le robinet E. se ferme, & que celuy D. s'ouure, & au contraire,
quand l'on tirera la corde du costé M. le robinet E. s'ouurira, & K. se ferrera, il y aura
aussi vn robinet au bas du vaisseau B. lequel sera iustement soubs la verge O. P. lequel
s'ouurira aussi auec celuy E. par le moyen du registre Q. apres faut que la corde M. N.
passe par la poulie R. & qu'elle soit attachee à vn petit vaisseau de cuiure S. lequel sera
fait de sorte que quand il sera plain, il renuersera son eau, & estant vuide il se rehau-
sera comme la figure le monstre, & pour faire que ledit vaisseau face c'est effect, il faudra qu'il soit pendu entre deux piuots, vn peu plus bas que le millieu, & que le fond
soit de pesanteur pour tenir ledit vaisseau comme la figure monstre, & quand il sera
plein d'eau alors le haut estant plus pesant que le bas, il renuersera son eau & faudra à
l'autre costé de la machine auoir vne autre poulie marquee T. à laquelle sera passee la
corde attachee au contrepois V. lequel sera balancé auec le vaisseau S. en sorte que ledit vaisseau estant vuide, alors le contrepois le fera hauser, & par consequent ouurir le
robinet E. & aussi celuy qui est au bas du vaisseau B. & quand ledit vaisseau S. sera à moitié plain, alors il attirera ledit contrepois, & fera retourner les robinets comme a esté dit, & ainsi le tout estant bien aiusté, si l'eau de la source tombe au petit receptacle, elle entrera dans le vaisseau A. par le robinet E. & quand ledit vaisseau sera plain, alors l'eau montera audit receptacle, iusques au tuyau X. & de là tombera
dans le petit vaisseau S. lequel estant demi plain, attirera le contrepois V. & fermera
(comme a esté dit) les robinets O. & E. & ouurira celuy K. alors l'eau entrant dans
le vaisseau de bas fera monter celle de A. au vaisseau Z. comme a esté monstré par
la precedente, & apres que le vaisseau B. sera plain, & celuy A. vuide, alors l'eau
montera derechef au receptacle, iusques au tuyau X. & tombera dans le vaisseau S.
iusques à ce qu'il renuerse, alors le contrepois V. retirera ledit vaisseau en haut, & remettra les robinets en leur premier estat, & continuera ce mouuement sans autre aide que ladite eau. Et si l'on desire auoir de l'eau plus haut que cinq ou six pieds, alors
il faudra faire encores vne machine soubs le tuyau L. du vaisseau de haut, & alors la
moitié de celle qui entre audit vaisseau Z. montera encores plus haut, & si c'est que
l'eau soit abondante à la source, on la pourra faire monter autant que bon semblera
par ceste inuention.

PRO-

Liure premier.

PROBLESME VII.

Pour faire vne Orologe auec le cours d'vne fontaine naturelle laquelle pourra
faire son cours tresiuste, sans estre subiette à estre montee
iournellement.

OIT le cours de la fontaine au tuyau marqué A. lequel sera gros par dedans, viron comme vne plume à escrire, dont l'eau tombera dans le vaisseau B. auquel sera deux tuyaux, sçavoir vn marqué C. soudé contre le fond dudit vaisseau, auquel il y aura vn petit robinet D. apres il y aura vn petit vaisseau tresbuchant, (comme en la precedente machine) marquee E. & ledit vaisseau sera attaché à vn petit levier marqué F. G. fait comme la figure demonstre, sçavoir auec vne charniere pour ployer seulement d'vn costé, & le bout dudit leuier sera acroché dans vne des dents d'vne grande roüe, marquee H. I. en sorte que le vaisseau E. baissant, le bout G. leuera la dent acrochee, vn peu plus que d'vne dent, à fin que le plus grand leuier L. tombe dans la prochaine dent, & face arrester ladite roüe H. I. il y aura aussi vn contrepois marqué O. attaché au leuier F. G. pour abaisser le bout G. quand le vaisseau E. sera vuide, & ainsi l'eau tombante dans ledit vaisseau, quand il sera vn peu plus pesant que le contrepois O. alors il s'abaissera, & sera leuer le bout G. & hausser ladite roüe H. d'vne dent, & l'eau tombante tousiours emplira ledit vaisseau, & le sera renuerser, & alors le contrepois O. lequel sera plus pesant que le vaisseau vuide, rabaissera le bout du leuier G. & celuy d'enhaut L. tiendra la roüe en estat qu'elle ne pourra retourner, & faudra que ladite roüe aye soixante dents, & aussi que l'eau qui tombe dans le vaisseau E. soit tellement aiusté auec le robinet D. que chascune minute d'heure, ledit vaisseau se puisse renuerser, & par ce moyen la roüe H. I. fera vn tour en vne heure, & apres l'on pourra faire qu'il y aura vn pignon à l'arbre de ladite roüe ayant six dents, lequel mouuera vne roüe de septantedeux dents, & par ce moyen la monstre de haut M. monstrera le cours de douze heures, & celle de bas d'vne. Et quand ledit Orologe sera bien aiusté, elle continuera long temps sans varier, faut aussi noter qu'il faut que l'eau du vaisseau, B. soit de la hauteur du tuyau P. à celle fin, que ladite eau tombe tousiours esguallement dans le vaisseau tresbuchant, & pour ce faire, faudra qu'il en tombe vn peu plus dans ledit vaisseau qu'il n'en sorte par le tuyau C. & le surplus sortira par le tuyau P.

PRO.

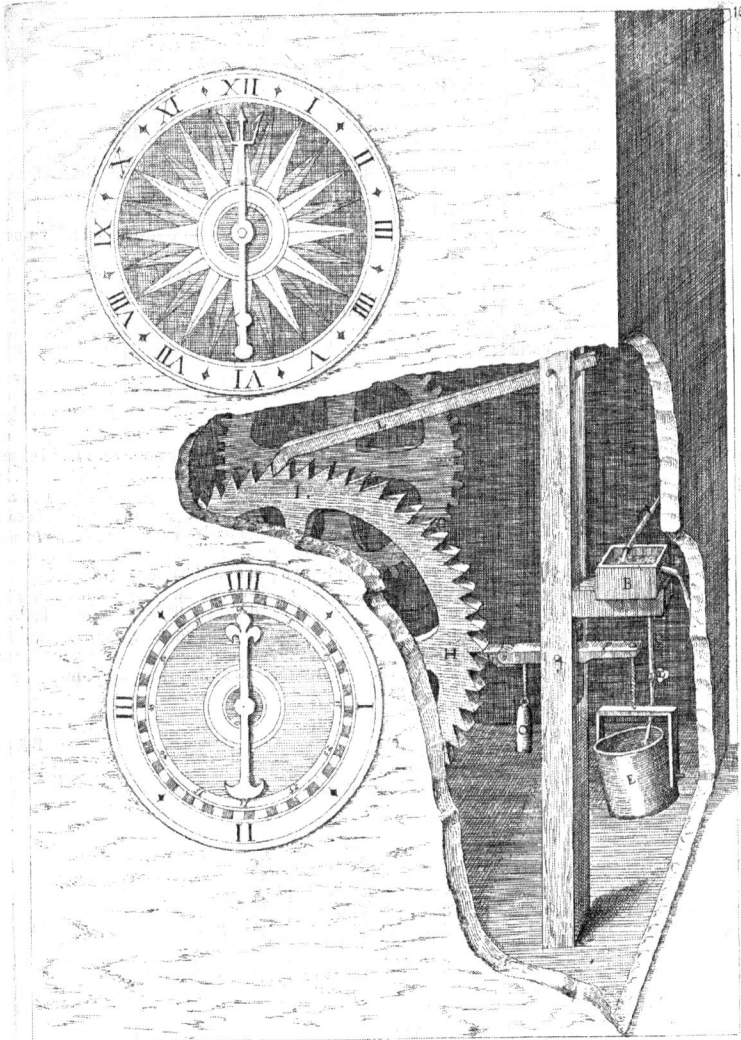

PROBLESME VIII.

Autre maniere d'Orologe d'eau.

MAIS s'il n'y auoit point de fource vifue, & que lon vouluſt meſurer le temps auce l'eau, lon fera vn vaiſſeau de cuiure ou plomb, comme la figure A. lequel tiendra viron vn muy d'eau, ledit vaiſſeau fera bien quarré, & vn peu plus haut que large, dans lequel fera vn petit vaiſſeau de cuiure marqué F. auſſi quarré bien clos, & foudé de tous les coſtez. Lequel feruira pour flotter deſſus l'eau du vaiſſeau A. apres faut auoir vn fifon fait comme la figure B. C. D. lemonſtre, lequel paſſera à trauers vn tuyau de cuiure, qui fera au milieu du petit vaiſſeau, & faut que ledit tuyau paſſe de part & d'autre dudit vaiſſeau, & le fifon entrera dedans auec vn peu de force, & faut auſſi que le bout dudit fifon puiſſe fouer dedans l'eau du vaiſſeau A. & en haut au point C. il y aura vne corde atachee, paſſante par deſſus la poulie L. & à l'autre bout fera ataché le contrepois E. & au bout de l'axe, du coſté I. fera atachee vne efguille laquelle monſtrera les heures en la monſtre O. P. & apres que lon aura rempli le vaiſſeau A. lon poſera le vaiſſeau F. deſſus comme a eſté dit, & auſſi le fifon & contrepois, puis lon attirera l'eau dudit fifon par le bout D. auec la bouche, & d'autant que ledit bout eſt plus bas que le niueau de l'eau du vaiſſeau A. ladite eau aura fon cours, & tombera dans vn autre vaiſſeau H. & à meſure que l'eau dudit vaiſſeau s'abaiſſe, le petit vaiſſeau. F. s'abaiſſera auec le fifon, ce qui fera cauſe de faire tourner la poulie, & par confequent l'efguille de la monſtre, & pour aiuſter le cours des heures, faudra lalonger ou acourfir le fifon dans le tuyau de cuiure du petit vaiſſeau, car en pouſſant ledit fifon vn peu d'auantage dans l'eau, elle courra plus viſte, & au contraire le retirant, elle fe retardera, faut auſſi noter, que pour aller fort iuſte fera de befoing d'aiuſter vn petit tuyau au bout D. dont l'extremité du bout où eſt le petit pertuis par où fort l'eau, fera d'or fin, à celle fin que ledit trou ne fe bouche de rouille, ce qu'il fe feroit s'il eſtoit de plomb ou cuiure, & quand l'eau du vaiſſeau A. fera prefque vuide, on la fera remonſtrer auec vne petite pompe marquee E.

PRO-

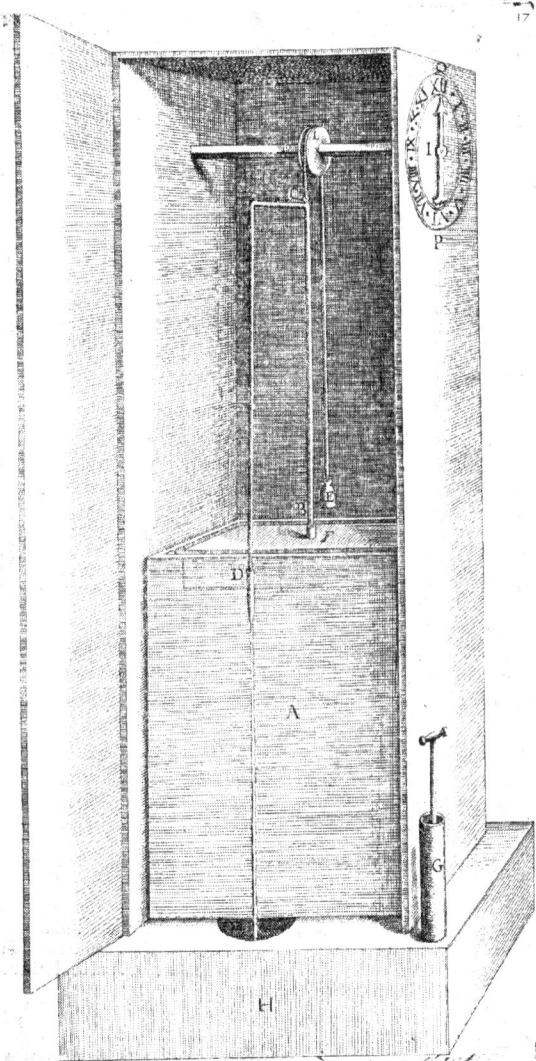

PROBLESME IX.

Pour faire vn vaisseau, auquel mettant de l'eau par force, sortira puis apres auec grande violence.

Soit vn vaisseau de cuiure bien rond & de force assez capable pour soustenir l'effort de l'air, & qu'il soit bien clos & soudé de tous costez, apres y faudra souder deux tuyaux, sçauoir A. B. & C. D. en sorte que chascun bout dedans approche autant du fond du vaisseau, comme il est besoing, pour laisser passer l'eau, & à chascun desdits tuyaux, il y aura vne clef ou robinet pour serrer l'eau, quand elle sera dedans, laquelle on mettra auec vne Seringue par le tuyau C. D. & faudra bien aiuster le bout de ladite Seringue au bout C. à celle fin qu'en poussant l'eau dedans elle ne resorte par la iointure, & à l'instant qu'on l'a poussée dedans, il faudra ouurir la clef G. puis la reserrer aussi tost qu'il n'y a plus d'eau dedans la Seringue, & ainsi quand l'on voudra faire sortir l'eau, on tournera la clef ou robinet F. puis elle sortira par le tuyau A. (duquel le trou sera fait, aussi menu que la grosseur d'vne esplingue,) douze ou quinze pieds de haut, ce qui donnera plaisir à voir.

PROBLESME X.

Pour contrefaire la voix des petits Oiseaux par le moyen de l'eau, & l'air.

Soyent deux vaisseaux marquez A. & B. celuy de A. sera remply d'eau, & celuy B. bien clos, & soudé de tous costez, puis faut souder le tuyau C. D. vn bout contre le fond du vaisseau A. & l'autre passant en la partie superieure de B. & que le bout D. soit autant distant du fond de B. comme il est besoing pour laisser passer l'eau, faudra auoir vn robinet marqué F. audit tuyau pour ouurir & serrer quand besoing sera, faudra encores faire vn tuyau G. H. par lequel l'aër passera à trauers ledit vaisseau. A. ou bien sera conduit au lieu ou l'on voudra faire chanter les Oyseaux, audit bout sera aiusté vn petit sifflet semblable à ceux que font les faiseurs d'Orgues, pour representer le chant d'vn Rossignol, & ledit sifflet trempera dans l'eau, comme il se peut voir en la figure particuliere K. & ainsi quand l'on ouurira le robinet F. l'eau descendra au vaisseau de bas, & l'air qui est audit vaisseau sortira par le tuyau G. H. lequel fera siffler le siflet qui est au bout dudic tuyau, & aupres d'iceluy, l'on pourra poser vn arbrisseau artificiel, dessus lequel l'on mettra quelques oyseaux de bois où metal peints comme le naturel.

PROBLESME XI.

Pour aiouster au susdit mouuement vn Cigne, ou quelque autre Oyseau, lequel boira autant d'eau comme on luy donnera.

Il se pourra encores faire qu'au vaisseau A. il y aura vn Cigne fait de metal comme il est designé en la figure M. lequel boira autant d'eau comme on luy presentera soubs le bec, & pour ce faire, il faudra bien clorre le vaisseau A. de tous costez, & faire vn tuyau marqué N. au bout de haut duquel il y aura vn petit receptacle, & l'autre bout aprochera autant du fond dudit vaisseau, comme il faut pour laisser passer l'eau, & au Cigne il y aura vn tuyau marqué O. soudé dessus la superficie dudit vaisseau, en sorte que quand l'eau descendra par le Robinet F. au vaisseau de bas, l'aër entrera au vaisseau A. par le tuyau, qui respondra au bec du Cigne, & si l'on met de l'eau soubs le bec dudit Cigne, il l'attirera en la place de l'eau qui descend.

PRO-

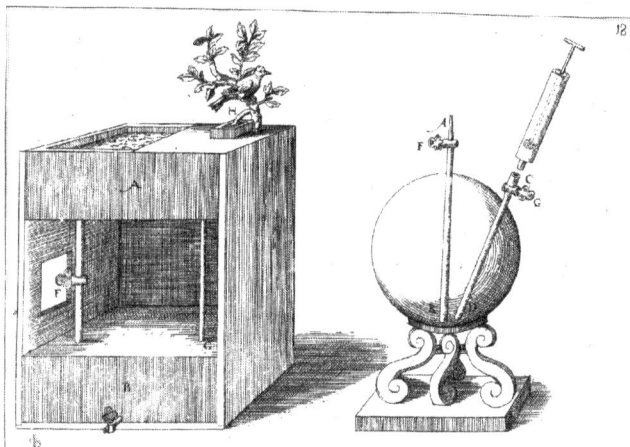

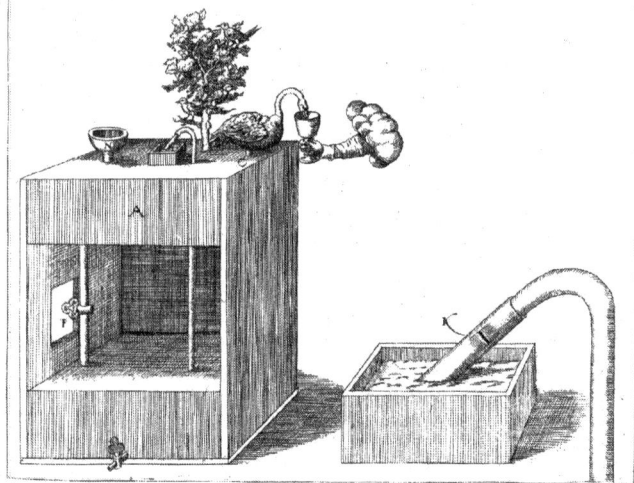

PROBLESME XII.

Pour faire vne Machine, laquelle aura mouuement de soy-mesme.

I L y a eu plusieurs hommes lesquels se sont trauaillez à la recherche d'vn mouuement qu'ils ont appellé (sans le congnoistre) perpetuel, ou sans fin, chose assez mal consideree & mal entendue, d'autant que tout ce qui a commencement, est subiect à auoir vne fin, & faut appliquer ce mot de perpetuel ou sans fin à Dieu seul, lequel comme il n'a eu commencement, ne pourra aussi auoir fin, tellement que ceste follie & orgueil aux hommes, de se vouloir faire acroire de faire des ouures perpetuelles, veu que eux mesmes sont mortels, & subiets à vne fin, ainsi seront toutes leurs ouures, tellement que ie laisseray ces mots de perpetuel ou sans fin, & monstreray icy la fabrique d'vne machine qui s'agist de soy-mesme, pourueu qu'elle soit entretenue des quatre elements dont elle est composee. I'ay demonstré au Theoresme cinquiesme, comme l'eau monte par l'aide du feu, plus haut que son niueau. I'ay aussi demonstré à la premiere definition, comme toute chaleur naturelle peut estre dite feu elementaire, ainsi ceste disposition naturelle de la chaleur, & du defaut de chaleur, seruira de contrepois, pour faire monter l'eau, ie dis disproportion pour agir, d'autant qu'il faut en tout mouuement, que le fort emporte le foible, autrement les choses estant en esquilibre ou en proportion esgualle, il ny pourra auoir mouuement, doncques ceste disproportion estant en l'air eschauffé par la chaleur du Soleil, sera la cause du mouuement, comme il se pourra voir icy par la fabrique. Soit vn vaisseau de plomb ou de cuiure de viron vn pied & demi en quarré bien clos & soudé de tous les costez auquel il y aura vn tuyau au milieu marqué D. E. le bout B. approchera du fond du vaisseau, comme il est besoing pour laisser passer l'eau, & l'autre bout D. sera soudé contre le haut du vaisseau, & y aura aussi vn souspiral marqué F. apres faut esleuer les deux costez de la machine N. M. en sorte que l'axe O. auec la poullie G. puisse tourner facilement, & monstrer au dehors du costé M. le mouuement de ladite machine, auec lesquelle apposee contre l'axe susdite, faut aussi auoir la bordure P. Q. soudee au dessus du vaisseau laquelle seruira quand l'on voudra mettre de l'eau dedans le vaisseau, & aussi quand l'eau monte par le tuyau E. D. qu'elle ne s'espandre de dehors, tout cecy estant bien & iustement construit, l'on versera de l'eau dedans ledit vaisseau, par le tuyau D. E. iusques a enuiron le tiers dudit vaisseau, & ouurira on le souspiral F. quand on mettra ladite eau au vaisseau, puis on le rebouchera tresbien, apres on aura vne petite balle de cuiure fort legere marquee L. laquelle puisse flotter dessus l'eau, & sera attachee par vn filet, en sorte que ladite balle puisse hausser & baisser dans le tuyau D. E. quand l'eau hausse ou abbaisse, faudra aussi que ledit filet ou est attaché la balle, passe par la poulie G. au bout, duquel filet sera attaché vn petit contrepois R. comme le tout se peut bien voir en la figure, apres faut poser ladite machine dedans vne chambre ou le Soleil du Mydi puisse entrer, alors quand il fera vn peu de chaleur, la balle se haussera, & le contrepois s'abaissera, qui sera cause que lesguille tournera, & monstrera la hauteur que la balle est montee, & comme le temps se refroidira, la balle s'abaissera, & ainsi comme le temps se changera, ainsi la balle se haussera & abaissera, faut noter, que si le vaisseau est vn pied & demi de haut, & estant empli au tiers d'eau, restera vn pied que la balle pourra hausser & baisser, & faisant la poulie de quatre pouces en diametre, alors elle tournera vn tour, si la balle se hausse iusques au bout D. tellement que diuisant la monstre en douze parties esgualles, chacune partie monstrera vn pouce, que la balle aura haussé où abaissé. Quand à l'vsage de ladite machine, elle pourra seruir a remarquer les iours

les

les plus froids ou les plus chauds, car estant ladite machine en quelque part de
la chambre que le Soleil ne donne point dessus, alors la balle de cuiure se haussera
selon la temperature du iour, car s'il est fort chaud, ladite balle se haussera fort haut,
& si au contraire il est temperé, ladite balle se haussera que fort peu, faut noter aussi,
que quand lon mettra l'eau dedans ladite machine. Il faut que ladite eau soit fresche-
ment tirée d'vn puis ou fontaine, & incontinent qu'elle est dedans, faut bien boucher le souspiral, & au bout de quinze iours, ou vn Moys faudra remettre d'autre eau
dedans, d'autant que partie de ladite eau s'exalle, qui seroit cause que ladite machine n'auroit son mouuement.

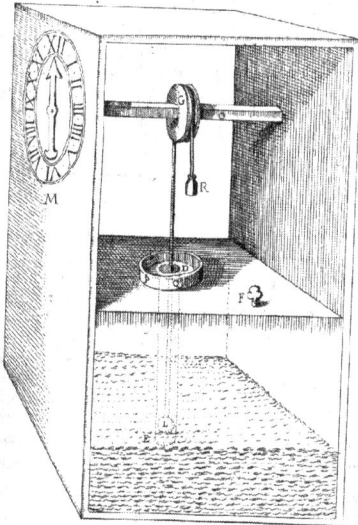

PROBLESME XIII.

Machine fort subtile, par laquelle on pourra faire eslever vne eau dormante.

I L a esté monstré par le precedent probleme, la fabrique & raison d'vn mouuement continuel, de laquelle invention, i'ay prins la presente machine, à laquelle lon pourroit attribuer le tiltre de fontaine continuelle, à raison que leau, laquelle de sa nature cherche le plus bas lieu, est esleuee icy par le moyen du Soleil, ceste dite machine aura vn grand effect aux lieux chauds, comme l'Espaigne & l'Italie, d'autant que le Soleil se monstre en ces endroits, presque tous les iours, auec grande chaleur, & speciallement en Esté, la fabrique en sera telle, faut auoir quatre vaisseaux de cuiure, bien soudees tout à l'entour lesquels seront chascun viron vn pied en quarré, & huit ou neuf pouces de haut, lesdits vaisseaux seront marquez A. B. C. D. & y aura vn tuyau marqué E. posé sur lesdits vaisseaux, auquel tuyau seront soudees quatre branches marquees chacune branche par la lettre F. lesdites branches seront soudees au haut des vaisseaux passant iusques pres du fond de chascun vaisseau, faut apres au millieu du tuyau souder vne soupape marquee G. faite & posee en sorte, que quand leau sortira des vaisseaux, elle puisse ouurir, & estant sortie, qu'elle se puisse reserrer, faut aussi auoir vn autre tuyau au dessoubs desdits vaisseaux marqué P. auquel y aura aussi quatre branches, lesquelles seront toutes soudees contre les fonds desdits vaisseaux, & aussi vne soupape marquee H. à laquelle il y aura vn tuyau au bout, qui descendra au fond de leau, laquelle sera dans vne Cisterne ou vaisseau marqué I. il y aura aussi à l'vn des vaisseaux vn trou ou esfuent marqué M. ainsi faudra exposer la machine en vn lieu, ou le Soleil puisse donner dessus, puis verser de leau dans les vaisseaux par le trou ou esfuent M. laquelle eau se communiquera à tous les vaisseaux, par le moyen du tuyau P. & faut que lesdits vaisseaux ayent environ le tiers de leurs contenu deau, & l'air qui estoit en la place de ladite eau, sortira par les souspiraux 3. 4. 5. 6. apres faudra bien boucher tous lesdits souspiraux, en sorte que l'air ne puisse sortir desdits vaisseaux, & alors que le Soleil donnera sur ladite machine, il se fera vne expression, à cause de la chaleur, (comme a esté monstré au precedent problesme) ce qui causera leau de monter de tous les vaisseaux, au tuyau E. & sortir par la soupape G. & tuyau N. puis tombera dans le petit-bassin O. & de là dans la Cisterne I. & comme il sera sorti vne quantité d'eau par la violence de la chaleur du Soleil, alors la soupape G. se reserrera, & apres que la chaleur du iour sera passé, & que la nuit viendra, les vaisseaux pour euiter vacuité, attireront l'eau de la Cisterne, par le tuyau & soupape H. P. pour remplir les vaisseaux comme ils estoyent auparauant, tellement que ce mouuement continuera autant comme il y aura de l'eau à la Cisterne, & que le Soleil donnera dessus les vaisseaux, & faut noter que les deux soupapes G. & H. seront faites fort legeres, & aussi qu'elles serrent fort iustes, sans que l'eau puisse descendre quand elle sera montee.

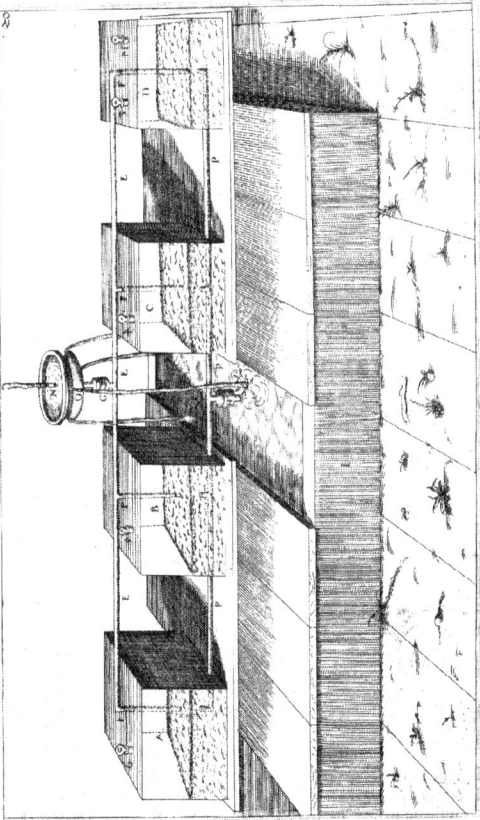

Liure premier.

PROBLESME XIIII.

Machine par laquelle l'on augmentera la force de la precedente fontaine.

S I l'on defiroit auoir l'eau cinq ou fix pieds de haut, la machine precedente ne la pourroit efleuer fi le Soleil ne donnoit auecques grande violence, & pour augmenter la force dudit Soleil, il fera befoing que les
vaiffeaux de cuiure foyent faits en la maniere comme la prefente figure
le monftre, & fur les coftez A. B. lon apofera des verres, autrement
appellez miroirs ardans, lefquels feront bien auftez dans le cuiure, en
forte que l'air n'en puiffe fortir, lefdits verres feront marquez, les deux grands de
chacun vaiffeau, par les lettres C. D. & les petits E. F. G. H. & faut pofer le cofté du vaiffeau L. vers le Mydi, à celle fin que le Soleil donnant deffus lefdits verres
ardans, raffemble les rayons du Soleil dans les vaiffeaux, ce qui caufera vne grande
chaleur à l'eau, & par ce moyen fortira en plus grande abondance, & auffi plus haut
s'il en eft befoing, & quand aux autres coftez des vaiffeaux ou font les verres, ils feront pofez vers l'Occident, pour eftre auffi le Soleil fort chaud apres Mydi, & faut noter, que fi la grande chaleur faifoit fortir toute l'eau qui feroit dans lefdits vaiffeaux,
fçauoir le tiers du contenu d'iceux, alors il en faudra mettre plus que le tiers, fçauoir
la moitié du contenu defdits vaiffeaux, à fçauoir par le foufpiral, comme a efté dit au
precedent problefme, i'ay auffi fait cefte prefente figure plus grande que la precedente, & quand à la foupape fuperieure, elle pourra eftre dans le vafe qui fouftient le baf-
fin de la fontaine. Et quand aux grandeurs des verres ardans, ils pourront eftre comme ils font pourtraits aux figures. A. B. & feront efpes par le milieu, comme lefdites figures le monftrent.

---

*Maniere de faire le ciment pour cimenter les verres aux vaiffeaux, en forte que
l'air n'en puiffe fortir.*

P OVR faire vn ciment bien durable contre la chaleur du Soleil, &
auffi qu'il puiffe bien prendre contre le verre, l'on prendra de la
chaux viue, cinq ou fix pieces, lefquelles feront couuertes auec de
tuille pulverifee, puis verfer vn peu d'eau deffus ladicte tuille, laquelle viendra à d'eftremper la chaux, & la reduire en poudre, & faut
garder que ladite chaux ne foit trop humide, ains feulement mi-
fe en poudre, puis la deftremper auec du frommage mol, mel-
lant auffi viron le tiers de ladite tuille battue, puis cimenter bien
les iointures defdits verres auec les vaiffeaux de cuiure, il fe fait encores vne autre forte de ciment, lequel eft auffi tresbon, pour c'eft effect, à fçauoir du verre broyé auec
de l'huylle de lin, & mefler auffi vn peu de chaux defteinte, auec, ce dernier eft auffi
tresbon contre l'eau, & ne s'humecte en aucune façon comme le premier, lequel feruira feulement pour les chofes qui font hors de l'eau.

PRO-

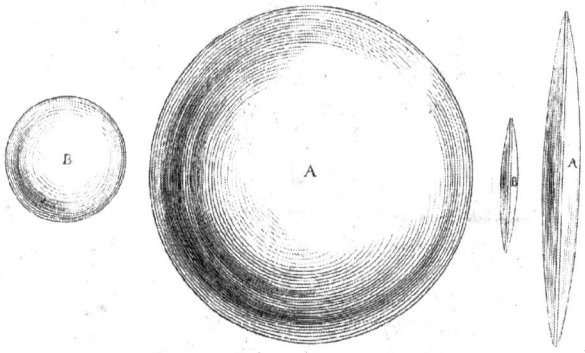

PROBLESME XV.

Autre maniere pour augmenter la force de la fontaine precedente.

 U PRECEDENT Problefme, il a efté monftré le moyen d'aug-
menter la force de la fontaine continuelle, & d'autant que les verres
ardans feront affez difficilles à bien aiufter dans le cuiure, pour empefcher l'air de fortir aux iointures, il ma femblé bon de demonftrer
encores une façon, laquelle fe peut voir en la prefente figure, le chaffis A. B. fera fait, en forte que l'on puiffe enchaffer quantité defdits
verres ardans, lefquels feront pofez d'vne diftance de viron trois pieds, en forte que
les pointes des cones ardans que produifent lefdits verres, puiffent donner fur les vaiffeaux, lefquels eftans efchauffez par la violente chaleur defdits verres, fera monter
l'eau en grande quantité, & fera bon que ledit chaffis foit grand, & d'auoir plufieurs
verres enchaffez, en iceluy, afin que le Soleil en faifant fon tour, qu'il y en aye toufiours quelques vns qui puiffent donner deffus les vaiffeaux, & fi l'on defire cacher lefdits vaiffeaux, en forte qu'ils ne foyent veuës dans la chambre, l'on pourra faire vne
petite galerie expofee vers le mydi, en forte que le Soleil puiffe donner fur lefdits vaiffeaux qui feront dedans ladite galerie, puis paffer le tuyau C. D. dedans la muraille, & conduire l'eau en la fontaine qui fera dedans la chambre, comme il fe peut
voir en la figure,

PRO.

Livre premier,

PROBLESME XVI.

Pour faire monter l'eau par le moyen des pompes, & d'vne roue à eau.

I'AY enseigné par cy deuant, aux trois premiers Problesmes, le moyen d'esleuer l'eau par le moyen des Pompes, & pour donner quelques varietez des desseings, i'ay encores mis cestuy-cy, lequel a son mouuement auec quelques roües dentelees, fort propres pour esleuer & abaisser les seaux desdites pompes, soit donques premierement la roüe à eau à l'axe, de laquelle sera deux roues dentelees, marquez l'vne A. & l'autre B. lesquelles auront chascune vingt & quatre dents, & feront tourner chacune vn pignon de six dents, marquez l'vn C. & l'autre D. & aux axes desdits pignons, seront deux autres pignons, l'vn marqué E. & l'autre F. apres l'on aura des roües, comme il se peut voir aux figures G. H. lesquelles seront faites presque en oualle, mais les costez seront tous droits depuis L, iusques à I, en sorte que les pignons E. & D. tournans, puissent leuer lesdites roües perpendiculaires, & quand elles seront leuees, (comme lesdits pignons tourneront tousiours) fera que lesdites roües longues, iront vn peu de costé, iusques à ce que les autres branches droites de derriere se viennent à rencontrer contre lesdits pignons, & alors lesdites roües, si elles estoyent hautes se rabaisseront tout droit, ainsi lesdites roües haussants & abaissants, feront leuer & abaisser les seaux. Or d'autant que lesdites roües ne tournent point, & qu'elles ne font que hausser & abaisser, il sera besoing pour les faire tenir en estat contre lesdits pignons, de faire que deux autres roües marquees O. P. seront disposees, en sorte qu'vn semblable pignon les tournants toutes deux, feront en sorte que deux demies tambours marquez M. N. tournants tantost l'vn d'vn costé, tantost de l'autre, sera cause de faire tenir lesdites roües G. & H. en estat, & pour faire meilleure demonstration de la figure, ie n'ay point mis lesdites roües M. N. d'vn costé, & aussi que pour plus facile intelligence de ce mouuement, i'ay mis le plan de l'ortographie suiuant, & aussi au bas de ce present mouuement, i'ay mis, vne des pompes en plus grand volume que non pas au desseing, & faut noter, que quand lesdites roües longues sont poussees de costé, quand elles sont en haut, alors en descendant, elles ne poussent pas les branches des pompes perpendiculairement, comme il se peut voir au costé H, & à celle fin que par ce defaut lesdites branches ne laissent de descendre droit, & sans estre forcees, l'on mettra vne petite roue de cuiure marquee T. dans la charniere V. il faudra aussi noter, que le pignon qui fait mouuoir les roües O. & P. ne se peut voir, mais il le faut considerer estre passé au mesme axe de ceux E. & C. & aussi il faudra que lesdites roües O. & P. contiennent chacune autant de dents comme les longues roües.

PRO-

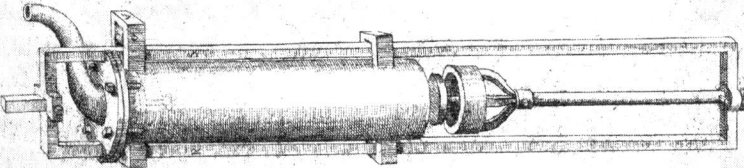

PROBLESME XVII.

Orthographie de la precedente Machine.

 CAUSE que la precedente Machine est fort difficille à entendre, i'ay mis icy son Orthographie, ou il se peut voir comme les deux roüés longues G. H. se haussent par le moyen du pignon X. Si ce mouuement est bien entendu, il pourra seruir en plusieurs autres choses diuerses, comme à faire tirer des Sies, pour sier du bois, & autres mouuements, lesquels ont besoing de hausser & baisser, presque perpendiculairement. Il faut aussi noter, que tant plus lesdites roües H. & G. sont eslongnees des pompes, tant plus le mouuement va droit, mais d'autant que ie fais au desseing les pieces du mouuement aussi grandes que le papier le peut permettre, ie suis contraint de faire les pieces plus courtes qu'il ne faut, pour estre bien, & aussi il n'est pas besoing que toutes les roües du mouuement soyent si pres de la roüe à eau, car elles se gasteroyent de ladite eau qui tumberoit dessus, mais quiconque voudra faire ledit mouuement on les mettra vn peu plus loing.

PRO-

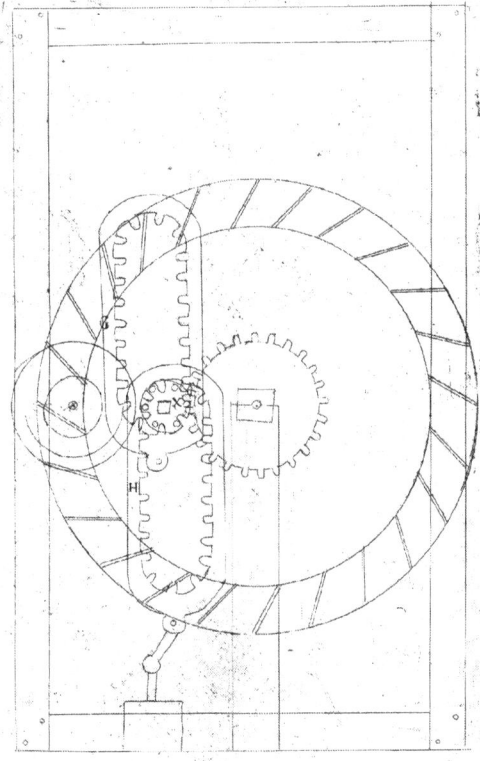

PROBLESME XVIII.

Machine par laquelle l'on pourra par la force d'vne roue à eau, faire fier du bois, auec grande promptitude.

 ESTE Machine est fort commune entre les montaignes au pays des Suisses, auec laquelle ils font fier grande quantité de planches de Sapin, ladite Machine est fort necessaire d'estre en vne grande ville, ou dans vne forest où l'on fait fier du bois, soit en planches ou en autres formes, celle icy n'est pas du tout semblable à celles desdits Suisses, car ils font aprocher la piece de bois des fies, par le moyen de quelque roues dentelees, auec vn roquet, mais à cause des reparations qui viennent souuent audites roues dentelees, ie tache tousiours d'en euiter l'vsage autant comme ie peux, ainsi i'ay mis les deux contrepois de viron deux ou trois cents liures chacun, dont l'vn est marqué A. & l'autre se doit imaginer au bout de la corde B. (cat s'il eut esté dessigné, il empescheroit la veüe du mouuement de la charniere C. par laquelle les fies hauffent & abaissent perpendiculairement) les cordes où pendent lesdits contrepoix, seront attacheestout au derriere de ses deux pieces debois mobiles, lesquelles glissent sur deux autres pieces de bois stabilles, par le moyen de quelques petites poulies qui pourront estre dedans la charniere, & ainsi lesdits contrepois tireront tousiours lesdites pieces de bois mobiles, & la piece que l'on desire estre fiee, sera ferme entre lesdites pieces mobiles, laquelle auançant tousiours auant, & les fies hauffans & baissants, pourront fier ladite piece en grāde diligence, l'on pourra mettre deux trois ou quatre fies au plus sur le fust, distantes l'vne de l'autre, autant comme l'on veut auoir d'epesseur aux planches, & quand la piece de bois sera au bout, alors vn homme ou deux auec vn leuier tourneront vn rouleau, où sera attachee vne forte corde, qui fera reuenir ladite piece en arriere, & rehausser les contrepois, & apres on mettra ladite piece de bois vn peu de costé, pour faire reprendre les fies derechef contre ladite piece de bois.

PRO.

PROBLESME XIX.

Machine de grand seruice, propre pour percer des pipes de bois.

SOIT vne rouë à eau, à laxe de laquelle fera vne rouë dentelee de trente & six dents, ou dauantage, selon la vitesse de la roüe à eau, car si elle tourne lentement, il en faudra d'auantage, & y aura vn pignon de six dents, que ladite roüe dentelee tournera, comme il se peut voir en la figure, & à laxe dudit pignon sera ioint vne longue tarelle marquee A. laquelle sera posee à trauers vn trou marqué B. s'ouurant & serrant comme la lunette d'vn tour à tourner, aptes l'on posera la piece de bois (pour percer) ferme sur vn chantier marqué C. D. en sorte que ledit chantier puisse glisser facillement par le moyen de quelques petites roues, lesquelles seront dans la graueure d'iceluy, & tourneront sur la charniere stable, en sorte qu'vn homme puisse auec sa force, pousser & retirer ladite pipe quand elle sera ferme sur ledit chantier, & ainsi la tarelle tournant, l'homme poussera le bout de ladite piece de bois contre, & apres que ladite tarelle aura percé deux ou trois pouces auant, il faudra incontinent retirer ladite piece de bois arriere, à celle fin de faire vuider le bois de la tarelle autrement elle seroit en danger de rompre, & faudra continuer tousiours de retirer ladite piece, quand elle aura percé trois ou quatre pouces, pour vuider tousiours ledit bois, iusques à ce que le trou soit outre, & apres si l'on veut ledit trou plus grand, l'on prendra vne certaine façon de tarelle comme la figure E, le monstre, laquelle est faite presque comme vne cuillier taillante par les bors, & en passant ladite tarelle agrandira fort le trou ia fait.

PRO.

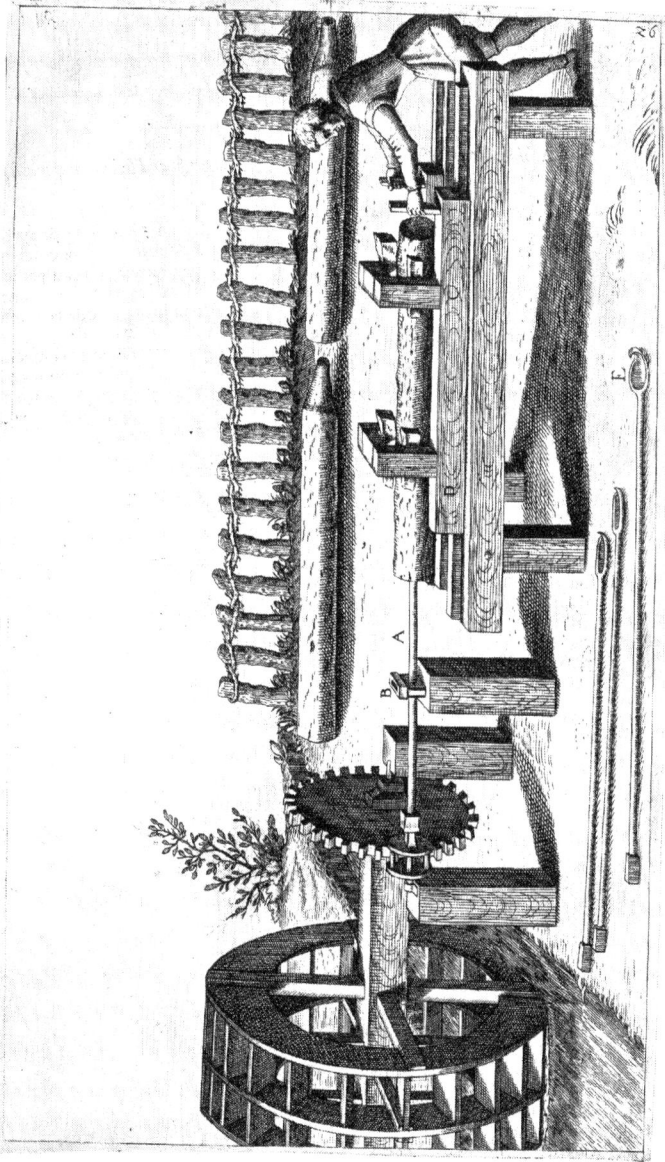

26

PROBLESME XX.

Machine fort neceſſaire par laquelle l'on peut donner grand ſecours aux maiſons qui ſeroyent enflambees.

ESTE machine eſt fort experimentee en Alemaigne & ay veu le grand & prompt ſecours qu'elle peut aporter, car encores que le feu fut 40. pieds haut, ladite machine y iettera ſon eau par le moyen de quatre ou cinq perſonnes qui hauſeront & abaiſſeront vne longue branche en forme de leuier, ou la branche de la pompe eſt atachee, ladite pompe eſt facile à entendre, par dedans il y a deux ſoupapes, vne en bas pour ouurir quand l'on hauſſe la branche, & en rabaiſſant elle ſerre, & vne autre ouure pour laiſſer ſortir l'eau, & au bout de ladite machine, il y aura vn homme, lequel tiendra la pipe de cuiure A. la tournant d'vn coſté & d'autre, ſuyuant le lieu ou le feu ſera, quand on veut hauſſer ou abaiſſer ledit tuyau, ſe fera par le moyen d'vn autre tuyau ioingnant, marqué B. & faut que leſdits tuyaux l'vn mouue d'vn coſté, & d'autre, à celle fin que l'on puiſſe tourner, hauſſer & baiſſer ledit bout A. ſuiuant l'occaſion, & d'autant que l'eau qui eſt recueillie ſur la roue eſt pleine d'ordures, & que facilement les ſoupapes pourroyent eſtre empechees de ſerrer par icelles, pour ceſte occaſion à la cuue dans quoy l'on verſe l'eau, il y aura vne treille au millieu, de trous menus comme vne bien groſſe eſplingle, & ſerois d'advis (veu la grande utilité que ceſte machine peut aporter au beſoing, & le peu de couſt d'icelle) qu'a chacune paroiſſe de ville, il y en eut vne, laquelle à vn beſoing ſe peut trainer par trois ou quatre hommes, ou le feu pourroit eſtre, & alors mettant de l'eau dans la cuue, elle eſt pouſſee en haut, ſans peril d'hommes n'y atirail, d'eſchelles, & faut noter, que ſi les ſoupapes ſont de cuir, (comme l'on vſe en beaucoup de lieux) alors il ſera beſoing que ladite cuue ſoit touſiours plaine d'eau, autrement ledit cuir venant à ſe ſecher, feroit manquer la machine au beſoing.

PRO.

PROBLESME XXI.

Machine fort subtille pour tourner en oualle quelque chose que ce soit.

SOIT vn trou pour tourner, fait comme la figure superieure monstre, ou seront aiustées deux pieces de fer marquées B. A. lesquelles seront atachées contre les deux gros traineaus de bois C. D. en sorte que lesdites pieces soient mobilles de costé & d'autre , & seront atachées chacune auec une corde ou il y aura vn contrepois pendu au bout comme il se peut voir en la figure de bas, apres l'on passera deux oualles de cuire petites à trauers vn axe de fer marquées E. F. en sorte qu'elles touchent contre les deux gardes serres de fer marquées G. I. comme il se peut voir encores en la figure de bas , & ainsi quand laxe de fer tourneta , alors lesdites oualles qui touchent contre les guardes serres fermes, causeront ladite axe de varier çà & là , de façon que tenant le fer ferme contre louurage que l'on desire faire , fera ledit ouurage oualle, d'autant que ladite axe tourne en oualle à cause de la variation des petites oualles de cuire contre les gardes serres , & au millieu de ladite axe de fer il y aura vne poullie de bois ou sera passée vne grosse corde de boyau, laquelle sera aussi passée dans vne autre grande roüe qui sera tournée par vn garçon , & ainsi en tournant tousiours d'vn mesme sens , l'on trauaillera fort facilement , car de penser tourner ladite oualle auec le pied comme au tour ordinaire il ny a aucun moyen , à cause de la force qui est trop grande, & aussi que ladite oualle haussant & baissant brouilleroit l'outil , duquel on se sert à tourner, il y en a aucuns lesquels au lieu de contrepoids (pour bender les oualles de cuire contre les guardes serres) se seruent de ressors d'ascier, mais à cause de l'inesguale force desdits ressorts ie troue les contrepoids beaucoup meilleurs.

Il faut icy noter que le dessein de bas est semblable à celuy de haut, mais l'vn est tourné d'vn costé & l'autre de l'autre , & cela a esté fait pour mieux considerer les effects des guardes serres, & des contrepo ds , il faut aussi considerer que lesdites gardes serres entrent & sortent dehors aussi auant que l'on veut , & s'arrestent par le moyen d'vne petite vis marquée H. car il est besoing quelquefois de changer les oualles de cuire & en mettre de plus grandes ou de plus petites selon l'ouurage que l'on desire faire, & quand à la pesanteur des contrepoids , ils seront aussi suiuant louurage que l'on desire faire, car si louurage est petit, lesdits contrepoids pourront peser 15. ou 20. liures chacun, & estant plus grand ils peseront 50, ou 100. liures au plus.

PRO.

PROBLESME XXII.

Pour faire representer le chant d'vn oyseau en son naturel, par le moyen de l'eau.

E CHANT ou ramage du rossignol est assez dificile à le bien representer en son naturel, toutefois ie donneray icy vne inuention, laquelle i-mitera de bien pres ledit chant, soit premierement deux vaisseaux marquez A. & B. & soit aussi vn tuyau soudé contre le fond A. au-quel il y aura vn robinet marqué Q. lequel seruira pour donner l'eau & faire tourner la roüe T. laquelle sera de viron deux pieds en diametre, faite de cuiure en fueille pour estre plus durable, & à l'arbre d'icelle roüe, il y aura vn pignon de huit dents, marqué C. apres faudra auoir vn petit ta-bourin marqué E. de viron huit ou dix pouces en diametre lequel sera bien aron-di, & au costé D. il y aura vn petit receptacle pour receuoir l'eau qui tombe sur la roüe T. & audit receptacle il y aura vn tuyau marqué P. allant iusques pres du fond du vaisseau B. & en la superficie dudit vaisseau il y aura deux tuyaux marquez L. M. ausquels seront soudez deux robinets & à chascun d'iceux, il y aura vne reigle de cuiure soudee à chacune clef desdits robinets, en sorte que quand l'on abaissera les bouts V. X. desdites reigles, les robinets se puissent ouurir, apres faudra mettre des cheuilles sur le tabourin marquees F. G. lesquelles abaisseront les bouts desdites rei-gles, & feront ouurir lesdits robinets, à celle fin que l'air du vaisseau de bas monte par les tuyaux L. M. & se rende à deux sifflets, qui seront au bout desdits tuyaux, & si l'on veut representer le chant d'vn Rossignol, l'on mettra trois ou quatre cheuilles suiuantes l'vne l'autre pour toucher sur vne mesme reigle, auec quelque peu d'inter-ualles entre icelles, puis l'on mettra vne longue touche ou cheuille pour tenir l'autre reigle basse, le reste de l'espace du petit tabourin, & au bout desdits porteuents L. M. (comme a esté dit) il y aura deux sifflets à vn diton l'vn de l'autre, sauoir celuy qui sonnera trois ou quatre fois sera le plus bas, & l'autre l'aigu, & les bouts desdits tuyaux tremperont dans l'eau, comme en la precedente, mais si l'on veut representer le chant du Coq, il y aura seulement deux touches dessus le tabourin, comme il se peut voir en la figure, & les sifflets seront de la grosseur d'vn pouce & demi en diametre, & le plus long aura vn pied, & l'autre dix pouces, & seront couchees aupres de l'oy-seau, comme il se peut voir en la figure H. I. mais si l'on veut representer le chant d'vn Coq, l'on mettra au bout des porteuents des tuyaux appellez des faiseurs d'or-gues tuyaux à anches, ou regalles, accommodant les cheuilles du tabourin à propos pour representer ledit chant, il faudra aussi attacher des fillets de cuiure pres des bouts des reigles, pour en abaissant faire ouurir le bec de l'oyseau, quand lesdits bouts des reigles s'abaisseront, & quand au mouuement dudit oyseau il sera representé au pro-blesme suiuant.

PRO.

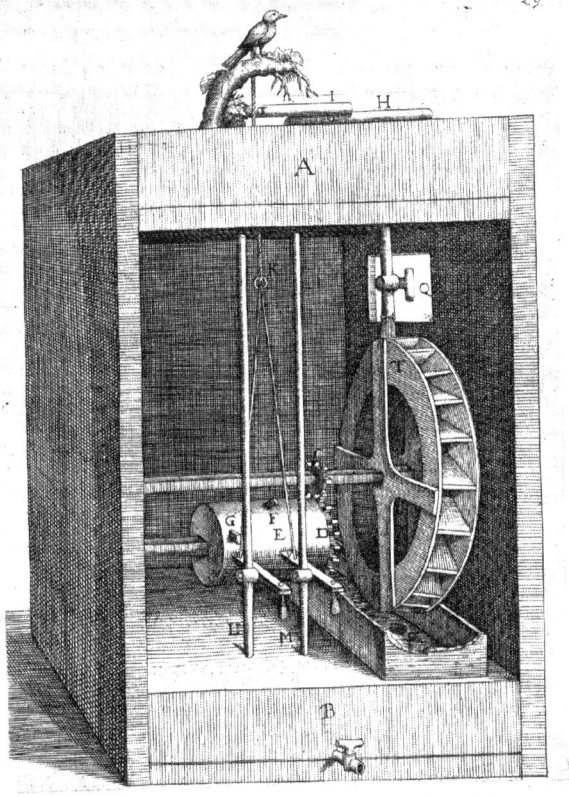

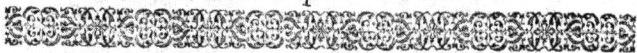

PROBLESME XXIII.

Pour faire reprefenter plufieurs oifeaux lefquels chanteront diuerfement quand vne choüet-
te fe tournera vers iceux, & quand ladite choüette fe retour-
nera, ils cefferont de chanter.

E mouuement à efté autrefois reprefenté par Herone Alexandrin,
mais n o 1 auec fi graude varieté d'oyfeaux comme ie le reprefenteray
icy, foit donques comme en la precedente vne roüe à eau A. laquelle tournera dans vne caffe de plomb où cuiure marquée C.
laquelle caffe feruira pour empefcher que l'eau qui tombe fur la
roüe à eau, ne fe reiailliffe çà & là & ne gafte le mouuement, &
laxe de ladite roüe fera apuyé fur deux trous ronds, qui feront aux
coftez de ladite caffe, & à l'vn des bouts dudit axe qui fortira hors de ladite caffe, il
y aura vn pignon de 8. dents marqué D. lequel fera tourner vn tabourin comme en
la figure precedente, mais ledit tabourin fera vn peu plus grand, fçauoir de 12. ou 15.
pouces en diamettre, & auffi il tournera de l'autre fens, fçauoir au lieu qu'en la precedente les bouts des reigles font abaiffées pour faire ouurir les robinets, ceftuy cy
les hauffe, non qu'il foit neceffaire que cefte diuerfité foit, mais cela eft fait pour donner à choifir des deux façons, apres il y aura trois porteuents marquées E. F. G. auf-
quels feront foudées les 3. robinets H. I. K. & aux clefs defdits robinets feront foudées les 3. reigles comme en la precedente, en forte que quand les cheuilles leuent les
bouts defdites reigles N. O. (comme apert en la figure) lefdits robinets fe puiffent
ouurir, & au bout de haut du porteuent E. il y aura deux où trois fiflets, pour reprefenter le chant des rofignols & autres petits oifeaux, & aux deux autres porteuents
F. G. il y aura aux bouts de haut d'iceux deux fiflets de mefme mefure, comme en
la precedente, pour reprefenter vn coucou, & quand aux cheuilles pour hauffer les
reigles, celle P. contiendra les ⅔ de la circonference du tabourin, à celle fin de tenir
le robinet N. long temps ouuert, & les deux autres cheuilles Q. R. feront cour-
tes en forte que quand R. fera paffée, & qu'elle aura fait ouurir le robinet K. l'autre marquée Q. fe prefentera & fera ouurir I. & fes deux reprefenteront le chant du
coucou par le moyen des deux fiflets qui font aux bouts des porteuents G. F. apres
la choüette fera pofée à l'autre cofté du mouuement, comme la figure demonftre
deffus vn petit bloc, auquel fera paffé vn petit axe de fer qui refpondra à trauers la poulie marquée S. & fera ferme à ladite poulie, en forte que quand on la tourne, que
la chouette fe puiffe tourner auffi, il y aura femblablement deux autres poulies marquées V. T. aufquelles fera paffée vne corde à l'vn des bouts de laquelle il y aura vn
vaiffeau tresbuchant X. & l'autre bout fera ataché à vn petit leuier marqué 3. 4. &
au bout marqué 4. dudit leuier, il y aura vn petit contrepois, lequel fera balancé
auec le vaiffeau X. en forte que quand ledit vaiffeau fera à demy plain d'eau, qu'il
puiffe atirer le bout dudit leuier auec le contrepois en haut, & au contraire, quand
ledit vaiffeau fera vuidé, que ledit bout auec le contrepois puiffe atirer ledit vaiffeau
en haut, il y aura auffi vne cheuille marquée 6. ferme contre le fond du tabourin,
pour arrefter ledit tabourin, par le moyen de la reigle 3. 4. & auffi il y aura deux
tuyaux, lefquels donneront l'eau, fçauoir celuy B. fur la roüe à eau, & celuy Z.
(dont le bout fera menu comme le tuyau d'vne plume à efcrire) donnera dans le
vaiffeau X. tellement que quand ledit vaiffeau fera à demy plain, il s'abaiffera & fera leuer le bout du leuier 4. alors la roüe à eau qui ne pouuoit tourner auparauant
(à caufe

(à cause qu'elle estoit arrestee par le tabourin , qui estoit aussi arresté par le bout du leuier marqué 3. contre la cheuille marquee 6.) tournera & fera chanter les oiseaux auec le coucou , & faut noter que quand le vaisseau X. s'est abaissé , que la poulie S. a tourné vn demy tour , & aura fait tourner la chouetre vers les oyseaux, & ainsi le chant desdits oyseaux continuera , iusques à ce que le vaisseau X. soit plain & qu'il se renuerse , alors le contrepois du bout du leuier 4. atirera ledit vaisseau en haut , & fera arrester le tabourin , & par consequent le chant desdits oyseaux , & apres que le vaisseau X. sera derechef à demy plain , il sera comme deuant , & la chouette se retournera vers les oyseaux , lesquels recommenceront à chanter , & ainsi ce mouuement continuera iusques à ce que le vaisseau de bas soit plain d'eau , & que l'air n'en sorte plus , & pour faire vuider l'eau dudit vaisseau , l'on fera vn petit pertuis au tuyau en bas dudit vaisseau , d'où l'eau sortira tousiours iusques à ce qu'il soit vuide , & faut garder que ledit trou ou tuyau ne soit trop grand , car il empescheroit que l'air ne sortiroit comme il faut pour le chant des oyseaux , & quand au mouuement du coucou il se fera en ceste façon , Soit la figure marquee A. faite de plomb ou cuiure creuse par dedans en sorte que l'on y puisse adapter vn mouuement, comme il se peut aisément comprendre par la figure, la partie inferieure du bec sera faite en sorte que la reigle de cuire B. haussant par dedans , puisse faire ouurir le bec , ce qui se pourra faire par le moyen d'vne petite cheuillete C. passante au trauers le dessoubs du bec & à la queüe de l'oyseau , il y aura aussi vne reigle D. par dedans, en sorte que quand l'on baisse le bout , que ladite queüe se puisse leuer , & ainsi il y aura vne reigle commune marquée E. F. laquelle sera aussi suspenduc auec vne petite cheuillette passante au pertuis G. & alors quand l'on tirera vn petit filet (passant par dedans la iambe de l'oyseau estant attaché à ladite reigle) le bec s'ouurira , & la queüe se haussera **comme il se peut comprendre par la figure,**

P R O.

Des forces mouuantes.

PROBLESME XXIIII.

Machine par laquelle l'on representera vne Galatee qui sera trainee sur l'eau par deux dausins, allant en ligne droite, & se retournant d'elle mesme, cependant qu'vn ciclope ioüe dessus vn flaiolet.

SOIT vne roüe à eau marquee L. dont la largeur sera separee par le milieu, & que d'vn costé les augets ou tombent l'eau soient faits pour tourner de la main dextre, & à l'autre costé ils seront faits pour tourner à senestre, & à l'axe de ladite roüe, il y aura vn pignon qui fera tourner vne roüe dentelee marquee Z. & ladite roüe aura vn axe aussi diuisé en deux, marqué I. H. & à ladite axe, il y aura deux chaines passees, en sorte que quand ladite axe tourne, que l'vne desdites chaines puisse tourner à l'entour, & l'autre se destourner, lesdites chaines passeront par les poulies G. F. & seront toutes deux atachees à la poulie B. mais l'vne passera par celle E. en sorte que quand l'on tourne l'axe I. H. par le moyen de la roüe à eau, lesdites chaines puissent, l'vne tirer ladite poulie B. vers le mouuement, mais si l'on fait tourner la roüe à eau de l'autre costé, alors la chaine qui passe à trauers la poulie E. atirera celle B. à soy, & l'autre chaine se delachera à proportion, & quand à ladite poulie B. elle sera posee à trauers vn tuyau de cuiure, en sorte qu'il y puisse auoir vne platine de cuiure dessoubs ladite poulie entre les deux pierres longues C. D. de façon que ladite poulie puisse glisser facilement sur lesdites pierres, & que le tuyau A. se puisse tousiours tenir droit sans varier d'vn costé ny d'autre, mais tourner quand ladite poulie B. tourne, & sur ledit tuyau A. l'on aiustera vn autre tuyau N. en sorte que celuy A. puisse entrer bien iustement dedans, & ledit tuyau pourra conduire l'eau à la bouche & narines des dausins qui trainent la coquille ou est assise la Galatee, apres l'on aura vne petite casse de plomb ou cuiure marquee P. de viron vn pied & demy de long & vn de large, auquel il y aura vne soupape soudee au fond, marquee R. & au bout de bas d'icelle vn tuyau marqué N. & au milieu de ladite casse au costé Q. il y aura vn tuyau marqué O. & entre l'espace dudit tuyau, & le fond de ladite casse, il y aura vn petit tuyau, lequel donnera l'eau dans vn bassin marqué S. lequel sera ataché à deux trebuchers marquez V. T. en sorte que quand le vaisseau sera plain d'eau, qu'il puisse estre plus pesant que le couuerteur de la soupape R. & au contraire, quand ledit vaisseau sera vuide, il faut que ledit couuerteur de soupape soit plus pesant, à celle fin qu'elle puisse fermer & attirer ledit vaisseau en haut, & ainsi quand l'eau donnera dans ladite casse par le tuyau V. elle se haussera iusques au tuyau O. & tombera sur le costé de la roüe à eau L. alors ladite roüe tournante, fera tourner celle I. & par consequent l'axe I. H. de telle façon que la chaine se tournera à l'entour de I. & se destournera de H. alors la figure de la Galatee, se mouuera vers la poulie E. à cause qu'elle y est atiree par ladite chaine qui tourne à l'axe I. & faudra porportionner ledit petit vaisseau S. en sorte que s'emplissant par le petit tuyau Q. qu'il puisse estre plain au plus pres, & atirer la soupape en haut, quand la figure de la Galatee sera proche de la poulie E. & alors l'eau qui sera dans ladite casse tombera par la soupape sur le costé M. de la roüe à eau, & fera tourner ladite roüe de l'autre costé, en sorte qu'il faudra que la chaine H. se tourne à l'entour du costé de l'axe H. & se destourne de I. ce qui fera cause de faire retourner la figure vers le mouuement, & alors l'eau ne courra pas dans le petit vaisseau S. à cause que la foupape eftant plus baffe que ledit tuyau Q. empefche que l'eau ny peut plus monter, & faudra qu'au fond dudit vaiffeau S. il y aye vn petit tuyau par ou fe vuide ladite foupape R. fe referrera, qui fera caufe de faire remonter l'eau iufques au tuyau O. & par confequent à celuy Q. & remplir ledit vaiffeau , & ainfi la figure fe retournera vers E. comme au precedent, & ce mouuement durera autant, comme l'eau tombera fur la rouë L. tantoft d'vn cofté, tantoft de l'autre, Et quand au ciclope, lequel doit ioüer du flaiollet , quand ladite figure fe mouue, le mouuement en fera enfeigné au fuiuant problefme , c'eft à dire pour faire ietter l'eau au daufin , qu'il faut auoir vn tuyau à l'opofite de celuy A. deffoubs les pierres C. D. en forte que quand celuy A. vient à fe rencontrer iuftemant à l'opofite , que l'eau qui fort dudit tuyau puiffe entrer dans celuy A. & fortir par les narines & bouches des daufins, faut noter que la caffe P. eft ouuerte par le cofté de deuant à propos pour voir le mouuement de la foupape R. neantmoins ledit cofté doit eftre efgal aux autres.

PRO

PROBLESME XXV.

Machine par laquelle lon representera le son d'vn flaiollet auec le cours de leau.

ICY sera representee la machine propre pour faire sonner le flaiolet au ciclope du precedent problesme, soit donques vne roüe musicale marquée A. de viron 4. ou 5. pieds en diametre bien arondie tout à l'entour, & graduee de dents, comme il se peut voir en la figure, en sorte qu'vn pignon de 8. dents marqué B. puisse faire tourner ladite roüe, & à l'arbre dudit pignon il y aura vne roüe d'entelee de 32. dents marquee D. qu'vn autre pignon marqué C. tournera, & à l'arbre dudit pignon C. il y aura vne roüe à eau marquee F. de viron deux pieds & demy ou trois pieds en diametre, laquelle sera tournee par l'eau descendante du tuyau G. & ainsi quand ladite roüe tournera, elle sera tourner la roüe musicale par le moyen des autres roües, apres l'on posera le sommier marqué H. dont la fabrique sera monstree plus amplement au troisiesme liure, en sorte que les touches dudit sommier aprochent parallelles à vn demy pouce pres ladite roüe musicale, apres l'on diuisera ladite roüe musicale en 25. ou 30. parties esgalles chacune partie en tournant, sera vne mesure ordinaire de musique, & en outre, toutes lesdites parties seront diuisees en 8. pour poser (sy besoin est) des crochets sur chacune diuision, dont en faut 8. pour vne mesure, & si l'on veut, l'on y pourra encores poser des demis crochets, apres poser les cheuilles sur ladite roüe, sçauoir ⅛ de pouce en dehors, la superficie de ladite roüe musicale, en sorte que quand la roüe tournera, lesdites cheuilles puissent toucher les touches du sommier, & les abaisser pour faire ouurir les soupapes dudit sommier, quand ausdites cheuilles elles se poseront selon la chanson qu'on desire faire sonner au flaiollet, celle qui est icy posee, commence ainsi

& quand l'on voudra changer de chanson, il se pourra faire, desmontant le pignon B. hors de la roüe musicale, par le moyen d'vn apuy de fer marqué L. sur quoy ledit pignon sera posé, & deslachant la petite vis marquee N. qui tient ledit apuy enestat, alors ledit apuy se tirera dehors son trou, & ledit pignon sera desioint de la roüe musicale, laquelle se pouuant tourner auec la main, l'on asloirta telle autre chanson que l'on voudra dessus ladite roüe, les douze trous qui sont au sommier seruent pour porter le vent dudit sommier par des porteuents de cuiure ou de plomb aux pipes d'orgues pour representer le son du flaiollet, lesquelles seront tout ioignant la figure du ciclope, la construction desdits tuyaux sera enseignee au troisiesme liure, & quand aux crochets qui pendent aux cordes P. O. ils seruiront pour hausser la roüe musicale en haut, à celle fin que s'il aduenoit quelque faute aux soupapes de dedans le sommier l'on y puisse remedier, ouurant ledit sommier par deuant, comme l'on fait ordinairement, le grand porteuent marqué R. S. pourra estre de bois de quatre pouces en quarré pour conduire le vent au sommier, lequel viendra des soufflets, comme sera enseigné au troisiesme liure, mais s'y l'on vouloit faire iouër ledit flaiollet sans aucuns soufflets, alors il faudroit faire comme sera enseigné au problesme 31.

PRO

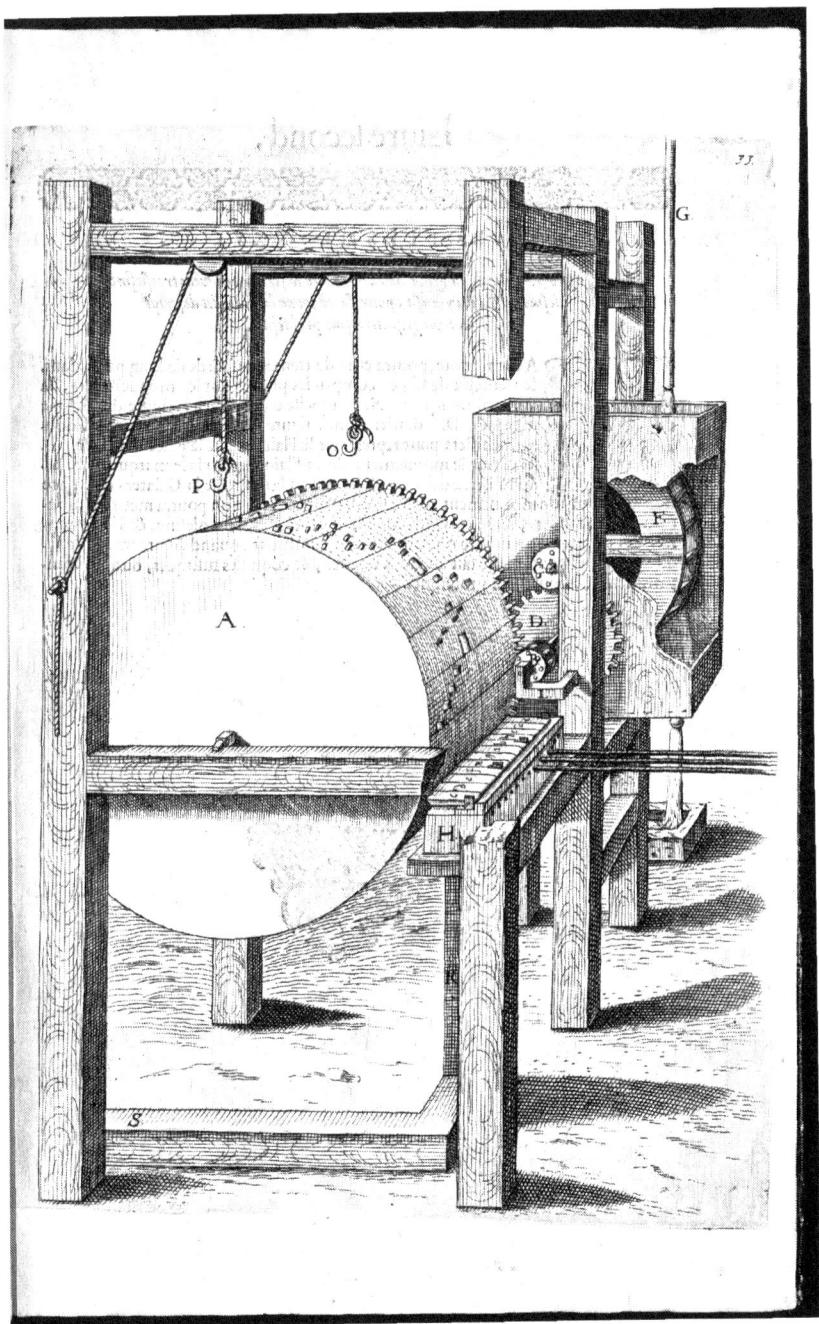

PROBLESME XXVI.

Plan Jngnografique de la grote de la Galatee deſcripte au vingtroiſieſme pro-
bleſme, & celuy auſſi, pour faire joüer le Flaiollet deſcript
au vingtquatrieſme probleſme.

ADITE grote, pourra eſtre de trenteneuf pieds de long par dedans,
& trenteſix de large, compris les places pour les mouuements, la
porte eſt marquee   N.   laquelle eſt opoſite à la figure du ciclope
marqué   D.   derriere ladite figure au lieu   C.   ſeront les dou-
ſieſme ſiflets pour repreſenter le Flaiollet, & la place marquee   B.
ſera pour le mouuement dudit Flaiollet, la place marquee   F.   ſera la reſerve d'eau, ou ſe mouuera la figure de la Galatee, & la place
A.   ſera pour ſon mouuement, & au lieu marqué   G.   l'on pourra mettre le mouuement des ſouflets, ſelon qu'il eſt deſcript & deſſeigné au probleſme, & à l'autre coſté   H.   l'on pourra mettre quelque autre mouuement, quand à l'ornement de ladite grotte, il pourra eſtre fait auec des Roches, & coquilles ruſtiques, ou auec com-
partiments de figures, & groteſques.

PRO.

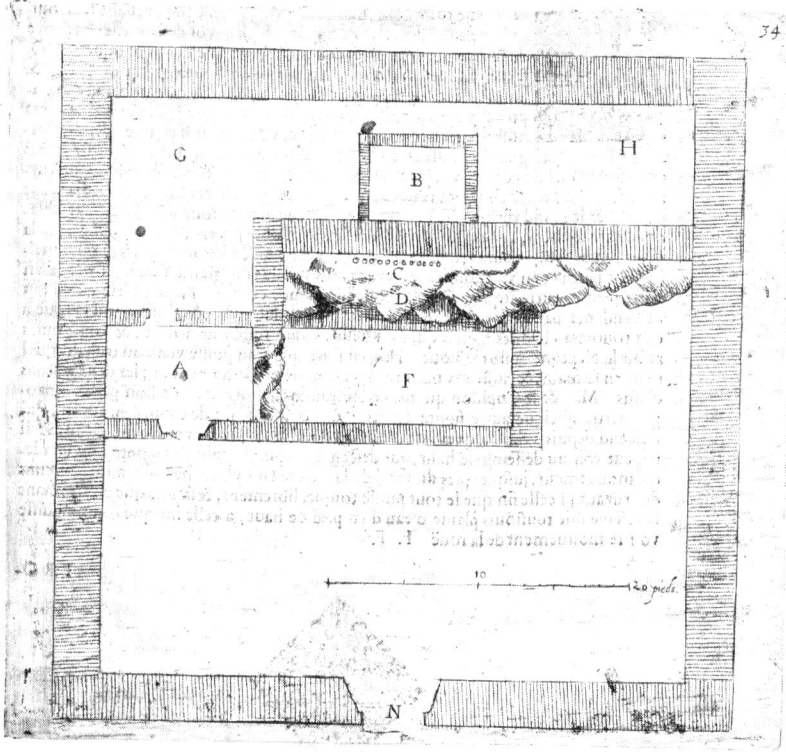

PROBLESME XXVII.

Machine, par laquelle sera repreſenté vn Neptune, lequel tournera circulaire-
ment, à l'entour d'vne Roche, auec quelques autres figures, leſquel-
les ietteront de l'eau en tournant.

Oit vne roüe à eau, marquee A. laquelle en tournant fera tour-
ner vne roüe dentelee marquee B. le pivot de laquelle ſera apuyé
deſſus vne piece de bois droite, & l'arbre de deſſus marqué P. Q.
ſera ſoudé ferme, contre vn tuyau de cuiure marqué S.R. &
au bout d'iceluy, il y aura vn petit recipien, ou tombera l'eau, a-
pres il y aura vn autre grand tuyau, marqué T.V. lequel ſera
auſſi ſoudé ferme contre l'arbre, vn peu plus bas, que R. en ſor-
te que ledit tuyau grand, puiſſe tourner par deſſus vn autre tuyau, marqué de lignes
punctees lequel ſera entrelaxé, (marqué auſſi de lignes punctees,) & ledit grand tuyaux, & celuy d'entre deux ſera ſoudé ferme, au fond de la reſerve de plomb marquee
C.D. & le grand tuyau T.V. ſera ſoudé à vne grande roüe marquee E.F. laquelle approchera, à deux pouces pres du fond de ladite reſerve, en ſorte que quand la
roüe de bas B. tourne, que ladite roüe E.F. puiſſe tourner auſſi, d'autant quelles ſont fermes, en vn commun accés, apres au deſſus du grand tuyau, il y aura vn
autre petit tuyau marqué G.H. lequel ſera ſoudé contre R. en ſorte que l'eau
deſcendante par ledit tuyau, puiſſe ſortir par le bout H. & ainſi quand la roüe à
eau tournera, leſdites figures qui ſont deſſus ladite roüe tourneront, & l'on pourra
aſſoir le Neptune deſſus le bout H. en ſorte que l'eau puiſſe venir au trident, qu'il
tient en ſa main, & auſſi aux narrines des cheuaux qui le traineat, & les deux tritons
deſſus M. & le Cupidon qui mene les Daufins deſſus N. & l'on pourra encores mettre quelque autre figure deſſus Z. & à celle fin de couurir le tuyau, qui
deſcend depuis S. iuſques au bas de la conſerve, l'on fera vne Roche, comme il
ſe peut voir au deſſeing de haut, qui deſcendra depuis le haut de la grote, ou ſera ledit mouuement, iuſques pres du fond de la reſerve ſans y toucher, n'y auſſi à aucuns
des tuyaux, à celle fin que le tout puiſſe tourner librement, & faudra que en tournant
la reſerve ſoit touſiours plaine d'eau d'vn pied de haut, à celle fin que l'on ne puiſſe
voir le mouuement de la roüe E. F.

PRO-

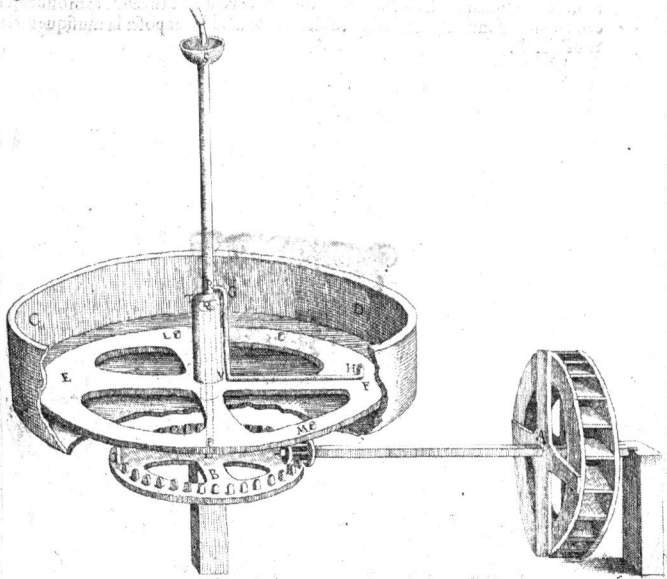

PROBLESME XXVIII.

Machine par laquelle l'on fera sonner vn jeu d'Orgues, par le moyen de l'eau.

ESTE Machine, est fort semblale à celle demonstree au vingt cinquiesme Problesme, la difference de l'vne à l'autre est seulement à la diuerse demonstration des desseins, car le precedent se void de pourfile, & cestuy cy de frond, & cela a esté desseigné à propos, à celle fin que ce qui pourroit manquer d'estre entendu à l'vn, se puisse recouurer à l'autre, la rouë musiqualle, marquee A. pourra estre de cinq à six pieds en diamettre, laquelle sera tournee par vn pignon de huit dents à l'axe, duquel sera vne rouë de vingtquatre dents, qui sera tournee par vn pignon à l'axe, duquel sera vne rouë à eau C, le clauier est marqué D, & le sommier F, dont la fabrique sera enseignee au troisiesme liure, les registres marquez G. H. I, sont trois differens l'vn de l'autre, la fabrique d'iceux auec la mesure des tuyaux, seront aussi enseignez audit troisiesme liure, & à celle fin que l'on n'oye point le bruit, que fait le mouuement quand il joue, il sera bon qu'il y aye vne muraille d'vn pied espais, entre les registres & ledit mouuement, les portevents de cuiure, qui partent du sommier pour venir aux registres, passeront à travers ladite muraille, quand aux soufflets pour donner le vent aux tuyaux, le mouuement d'iceux en sera donné au prochain Problesme, & aussi pour poser la musique sur la rouë musiqualle.

PRO.

PROBLESME XXIX.

Machine, par laquelle les foufflets de la precedente, se pourront hauffer pour donner le vent aux tuyaux d'Orgues.

L y a deux diuerfes façons de faire, donner le vent aux tuyaus d'Or-
gues pour les inftruments hidrauliques, l'vne façon eft auec des
foufflets, faits auec des fueilles de bois garnies de cuir, l'autre eft a-
uec l'air, qui vient des cifternes, par faute de vacuité, comme fera
enfeigné icy apres, à prefent ie monftreray à faire lever lefdits foufflets, par le moyen d'vne roüe à eau, comme il fe peut voir par le
prefent deffeing, ou la longue branche de fer, ou de cuiure, divifee
en quatre maneuelles tournantes, par le moyen de ladite roüe à eau, fait lever lefdits
foufflets alternativement l'vn apres l'autre.

PRO-

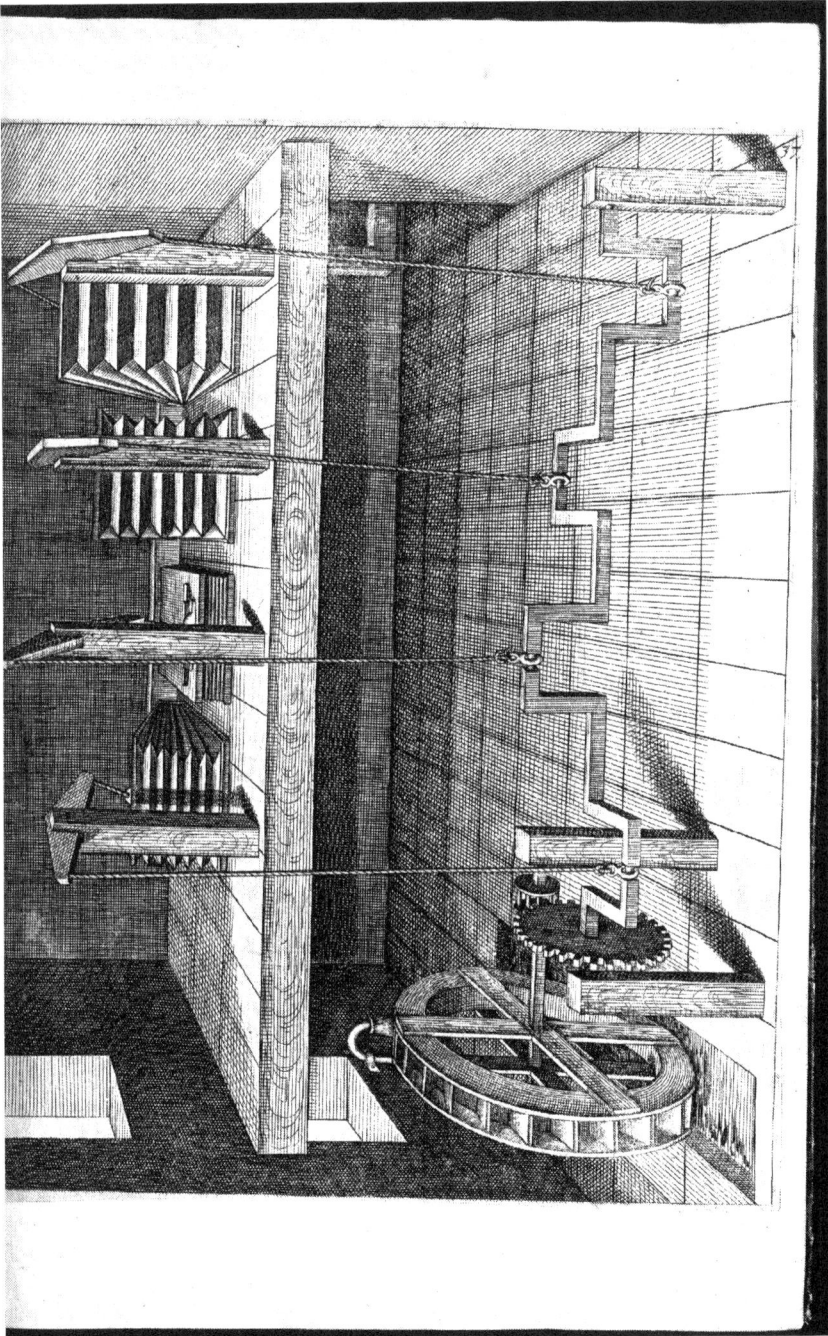

PROBLESME XXX.

*Representation de la Roüe musiqualle, en plus grande forme
pour seruir au problesme 28.*

POVR entierement demonstrer la precedente machine ie mettray icy vne representation d'vne partie de la roüe musiqualle aussi grande comme le naturel à celle fin que l'on puisse voir parfaitement comme les cheuilles abaissent les touches du clauier, ladite partie represente seulement sis mesures, dont lune sera marquee de noir ou de gris, tout du long de ladite roüe & l'autre sera marquee de blanc, a celle fin de plus facillement discerner lesdites mesures, en outre chacune mesure sera diuisée en 8. parties, & faudra tirer des lignes tout au long desdites diuisions lesquelles soient bien paralelles au clauier & si lon veut l'on percera des trous sur chacune diuision pour changer les cheuilles quand lon voudra changer de chanson, apres lon posera lesdites cheuilles, en sorte qu'elles touchent sur le clauier enuiron de lespesseur d'vne desdites cheuilles, & que lune ne touche point plus fort que l'autre, toutefois quand on viendra aux demis crochets dont y en a seisé pour vne mesure, il sera bon qu'ils ne touchent point si fort que les autres, a celle fin que lune cheuille ne touche auparauant que l'autre aye passé outre la touche, ce qu'il faut obseruer a toutes les autres mesures, autrement ce seroit vne musique confuse, quand a la fabrique de la roüe musiqualle il est besoing quelle soit de bois de chesne extremement sec & les pieces bien asemblées & colées ensemble, a celle fin qu'elle ne s'enfle ny d'vn costé ny dautre, & quand aux cheuilles elles seront de cuiure ou de bois bien dur, en outre faut noter qu'en la presente figure qu'il ny a que la moitié du clauier desseigné, aussi beaucoup de feintes manquent a ladite figure, a raison que le papier a empesché de la mettre enticre, aussi grande que le naturel, mais ce qu'il y a de desseigné peut sufire pour lintelligence du reste, & quand a la piece de musique qui est posée sur ladite roüe (dont il s'en voit sis mesures de desseignez) elle suit icy apres.

PRO-

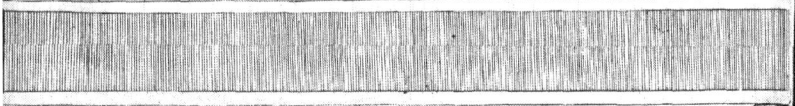

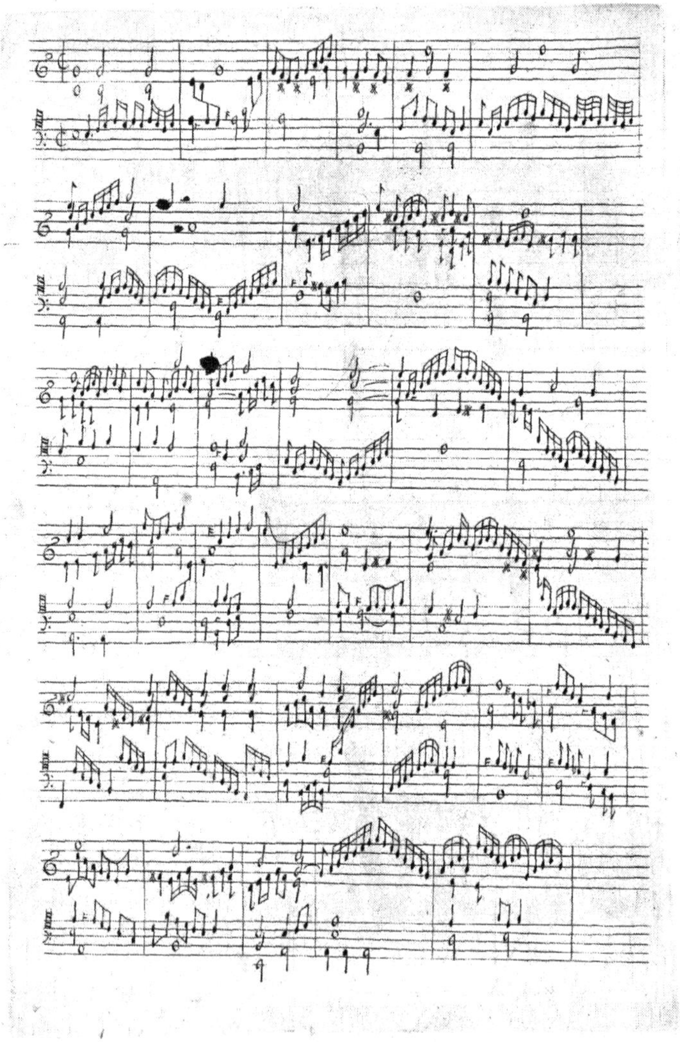

65. Mesures du Madrigal. Ch'io fora sed al Cielo, d'Alessandro Stigio,
mis en Tablature par Pierre Filippe.

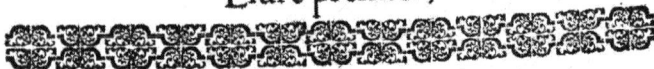

PROBLESME XXXI.

Machine hidraulique, par laquelle des orgues pourront sonner, auec l'eau sans aide de soufflets.

 OIT vne roüe musiqualle marquee A. laquelle aura son mouuement, comme la precedente, & au lieu que le clauier est dessus le sommier, icy il n'y aura aucun sommier, mais les touches du clauier comme il se void auront chacune vne longue queüe marqué B. au bout de bas, de laquelle sera ataché vn long filet, lequel tiendra ferme a vne branche, au point C. & ladite branche sera bien soudée contre laxe d'vn robinet, marqué D. comme à esté enseigné parcideuant au problesme sixfiesme, & ledit robinet sera soudé contre vn gros porteuent marqué E. en sorte que quand la touche B. sera abaissée par les cheuilles de la roüe musiqualle, la queüe de ladite touche atirera ladite branche C. & fera ouurir le robinet D. & le contrepois marqué F. fera reserrer ledit robinet, aussi tost que la touche se rehaussera, & y aura autant de robinets, comme de touches, & les branches ou seront atachées les filets du second robinet marqué G. feront vn peu plus hautes que du premier, à celle fin que les filets qui seront atachés audites branches, n'empefchent point ceux de ce second robinet, & les branches du trentiesme robinet H. feront vn peu plus basses que de celuy D. à celle fin aussi que les filets qui y doiuent estre atachées n'empefchent les autres, & celles du quatriefme marqué P. feront plus hautes pour la mefme raison, apres les porteuents I. L. T. V. feront soudées au bout des robinets par vn des bouts, & l'autre fera ioint dans d'autres porteuents qui passeront à trauers la muraille M. N. sur lefquels feront posées les tuyaux, comme il se peut voir en la figure, & fur chafcun porteuent, il y aura deux tuyaux a l'octaue l'vn de l'autre, où à l'unifon, & si l'on y en veut mettre d'auantege, on le pourra faire, ie n'ay mis icy que quatre robinets, pour esuiter confusion, mais comme ces quatre font faits, tous les autres feront femblables, le gros porteuent qui vient de la conferue à vent, fera soudé contre les deux ou font foudées les robinets, à celle fin que le vent foit bien communiqué audits robinets, & delà aux tuyaux, & a celle fin qu'il ne manque rien que ladite machine ne foit bien entendue ie feray encores les desfeings fuiuants.

P R O-

PROBLESME XXXII.

Autre desseing, de la precedente machine.

E desseing icy est la mesme machine precedente, mais il est desseigné d'vn autre costé, en sorte que grande partie des robinets, se peuuent voir icy, & aussi les tuyaux d'orgues, les portevents sur lesquels sont les tuyaux, passeront à travers vne muraille, a celle fin que le bruit de l'eau, qui se fait au pres de ladite machine, ne soit ouy si fort, car ladite muraille, empeschera ledit bruit, le portevent qui vient de la conserve, sera marqué F. lequel est soudé contre vn autre portevent G. qui communique le vent aux deux portevents, sur lesquels les robinets sont soudés, & quand l'on voudra acorder les tuyaux, d'autant qu'il ny à point de registres, voicy comme l'on fera, il faudra mettre dans toutes les bouches, (des tuyaux ouverts,) des petites pieces de papier, pour les engarder de sonner, apres l'on acordera le jeu bouché, & apres qu'il sera bien d'acord l'on ostera lesdites pieces de papier, pour acorder lesdits tuyaux, auec ceux qui sont desia d'acord.

PRO.

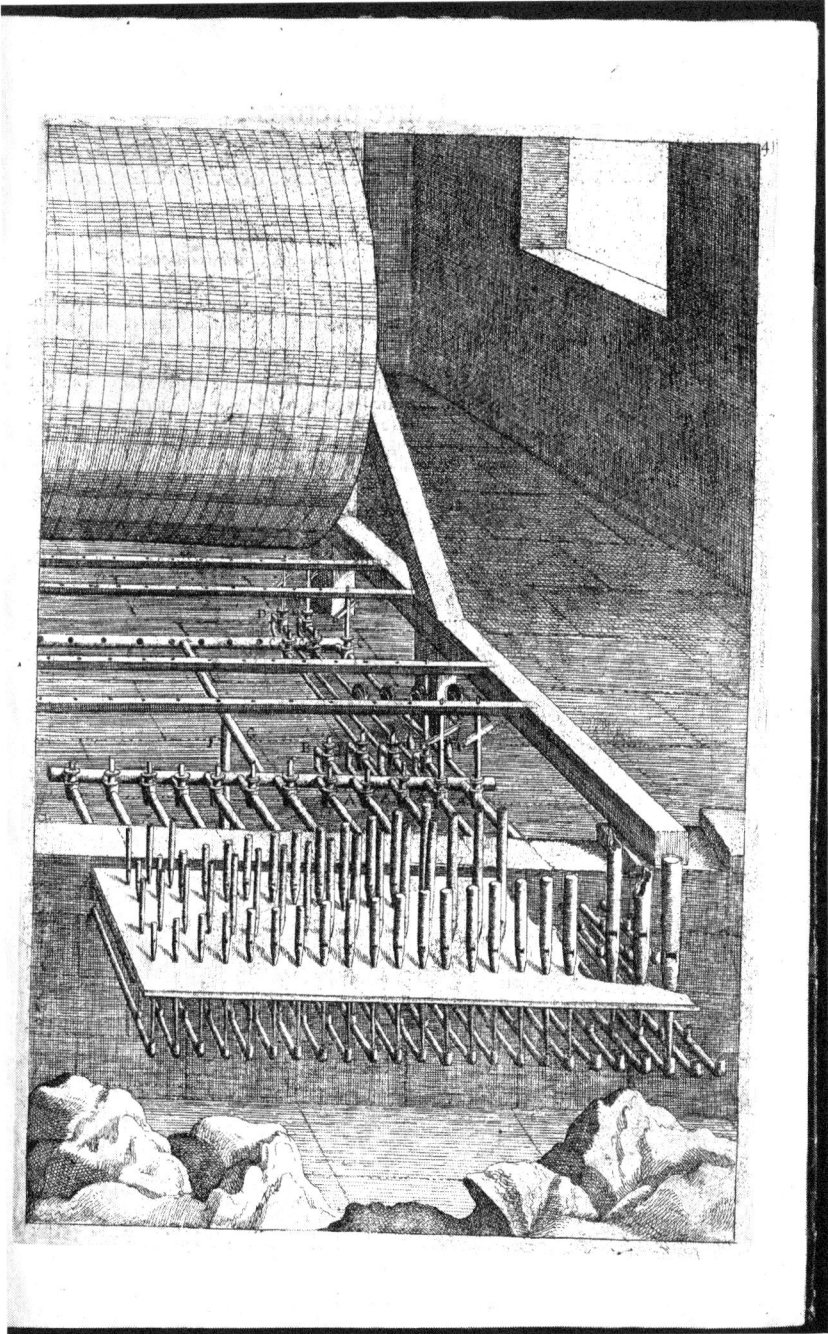

PROBLESME XXXIII.

Plan Ingnografique, de la precedente machine hidraulique.

 Celle fin qu'il ne manque rien à l'intelligence de la precedente machine, i'en demonstreray icy le plan de l'ingnografie, les robinets desseignés, aux precedentes par les lettres A. B, C, D, sont icy arangées par ordre auec leurs nombres correspondans, aux porteuents, qui passent outre la muraille, les autres qui doibuent estre soudées contre les robinets, & aiustées contre lesdits porteuents, sont obmis audit plan, à cause que leurs obliquité, seroit cause que ledit plan seroit ofusqué de lignes, mais lesdits porteuents, auec le reste de ce qui n'est desseigné icy , se peut facilement recognoistre aux desseings precedents.

PRO-

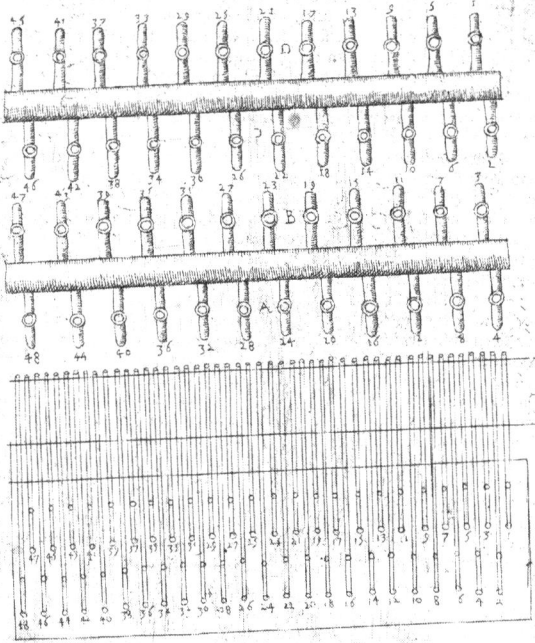

PROBLESME XXXIIII.

Comme il faut conftruire la conferue à vent pour les machines hidroliques.

LA conferue à vent pour faire joüer la precedente machine, fe fera de grandeur conuenable, pour faire joüer ladite machine vn quart d'heure de fuitte, fi elle eft, dix pieds en quarré, & huit de haut par dedans, fe fera affez & dedans icelle à vn des coftez de la muraille il y aura vn tuyau marqué A. fait comme il fe peut voir par la figure d'enuiron vn pied en diamettre par dedans, & vn tuyau de plomb marqué B. par lequel l'eau entrera dedans ladite cifterne, & le bout d'iceluy entrera enuiron vn pied dans le grand tuyau A. en forte que l'eau deffendante par ledit tuyau B. puiffe emplir le grand tuyau A. lequel fe maintiendra toufiours plain, & l'eau entrant dedans regorgera par deffus, & defcendra au long des coftez, & la raifon pourquoy ledit tuyau B. entre ainfi dedans celuy A. eft à celle fin qu'elle defcende efgallement tant au commencement comme à la fin, car fi ledit tuyau B. alloit iufques pres du fond de la conferue l'eau defcendroit beaucoup plus vifte au commencement qu'a la fin, ce qui à efté demonftré au commencement de ce liure, & les conferues qui font faites fans ce remede donnent beaucoup de vent au commencement & peu à la fin, & auffi il faut prendre garde que le tuyau B. ne foit eflongné au plus de 5. pieds de la fuperficie de celuy A. car s'il eftoit trop long l'eau viendroit trop vifte dedans, & auffi fi la mufique fe repofoit trois ou quatre mefures fans fonner, quand elle commenceroit ce feroit auec trop grande violence à caufe de la trop grande quantité d'eau qui entreroit dans ladite conferue mais n'eftant que cinq pieds de long, fi ladite mufique fe repofe, l'eau fe repofera deffus, & n'entrera qu'à mefure que le vent en fort doucement, le tuyau C. eft celuy qui porte le vent aux tuyaux & faut qu'il foit de trois pones en diamettre par dedans & celuy B. fera autant mais s'il y a des tuyaux d'orgues de plus de 3. pieds long, il feras plus gros, il y aura vn robinet à l'vn des coftez de ladite conferue marqué D. lequel on tiendra toufiours vn peu ouuert, à celle fin que quand la cifterne fera plaine, l'eau s'en puiffe vuider peu à peu, les murailles de ladite conferue feront faites de petites bricques recuittes à l'extremité, & cimenter auec de la tiraffe de Hollande meflee auec chaux vifue, ou auec bon ciment de tuilles puluerifées meflees auec chaux, car ces deux matieres eftans bien trauaillez font capables de refifter à l'eau.

PRO-

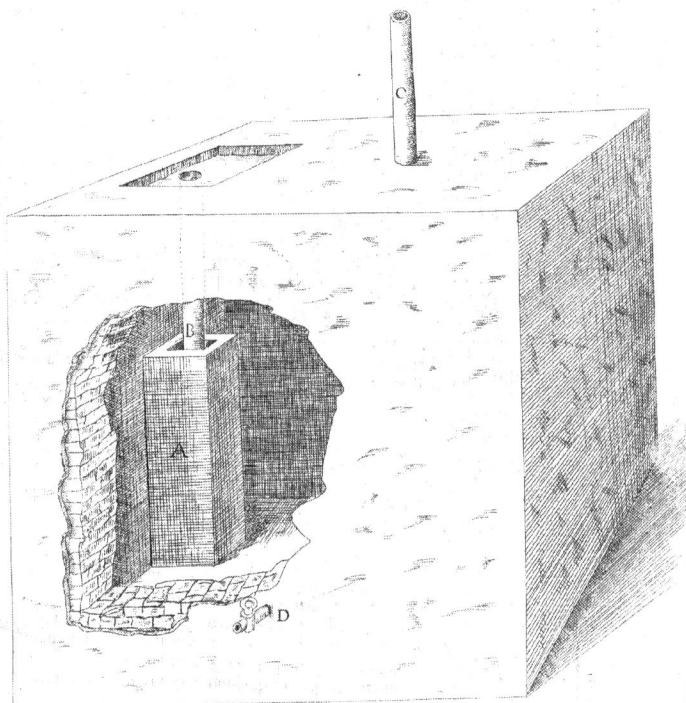

Liure fecond,

PROBLESME XXXV.

Pour faire vne machine admirable, laquelle eftant pofee au pied d'vne figure, iettera vn
fon au leuer du Soleil, ou quand le Soleil donnera deffus en forte qu'il
femblera que ladite figure face ledit fon.

ORNEILLE Tacite, fait mention en fon hiftoire, qu'il y à eu en E-
gypte, vne ftatue de mennon, laquelle quand le Soleil luifoit deffus
iettoit vn certain fon, Paufanias dit auoir veu ladite figure, & que
ce fon eftoit femblable, à celuy des cordes d'vne harpe, quand elles fe rompent. Or fuiuant les trois machines precedentes traitées
à lonzieme, douzieme, & trezieme problefme, & par le mefme moyen du Soleil, fe fera la fuiuante inuention d'vne figure qui iettera
vn fon femblable au fon d'vn tambour, & pour demonftrer plus facillement, comme ladite inuention fe peut faire, ie demonftreray la conftruction de la machine, laquelle fe pourra puis apres adapter dans le corps de la figure, ou bien dans le pied
deftal furquoy elle eft pofee, foit doncques deux vaiffeaus de cuiure joints enfemble,
l'vn fera de quatre pieds de long, vn pied de haut, & vn de l'arge, l'autre fera vn pied
cube, & feront tous deux bien clos, & foudés de tous coftés, au grand il y aura vn
tuyau marqué A. auec vne foupape comme aux precedentes ledit tuyau feruira
pour afpirer l'eau d'embas, & la rendre dans le vaiffeau auquel il y aura auffi vn ef-
vent, marqué F. & fera bon de le fouder ferme, quand ledit vaiffeau fera à moitié
plain, & faut qu'il y aye vne fontaine naturelle deffoubs ledit vaiffeau, en forte que
le bout du tuyau foudé à la foupape A. puiffe tremper dedans l'eau de ladite fontaine, apres faut fouder vn fifon marqué D. en forte que les deux bouts entrent dans
les deux vaiffeaux, & qu'ils aprochent bien pres des fonds defdits vaiffeaux, & au petit vaiffeau il y aura deux tuyaux d'orgues pofees deffus ledit vaiffeau, ou bien l'on
pourra conduire le fon ou c'eft que l'on voudra auec des porteuents, & faut que lefdits tuyaux foyent, (fauoir le plus grand) de deux pieds de long bouché, & l'autre
deux pouces plus court. Or le Soleil donnant contre lefdits vaiffeaux, fera monter
l'eau par le fifon, comme a efté monftré à l'onziefme problefme, & entrera dans le
vaiffeau cubique, en forte que l'air qui eft dedans, fera contraint de fortir, & fera fonner les tuyaux, lefquels fonneront vn fon tremblant comme le bruit d'vn tambour,
par la mefme raifon de l'onziefme problefme, ledit vaiffeau fe remplira d'eau la nuit
venant, à caufe de la frefcheur de l'air, & quand ledit vaiffeau cubique fera plain d'eau,
le fon ceffera, & l'eau fortira, apres peu à peu par vn petit trou qui fera au fond dudit vaiffeau marqué C, or fi la violence d'un defdits vaiffeaux n'eft capable affez
pour faire fortir l'air pour faire fonner lefdits tuyaux, l'on pourra augmenter ladite
force, auec deux ou trois ou d'avantage de vaiffeaux, il fe peut encores faire inuentions trefadmirables auec ladite machine, lefquelles ie garde iufques à autre fubiet.

PRO.

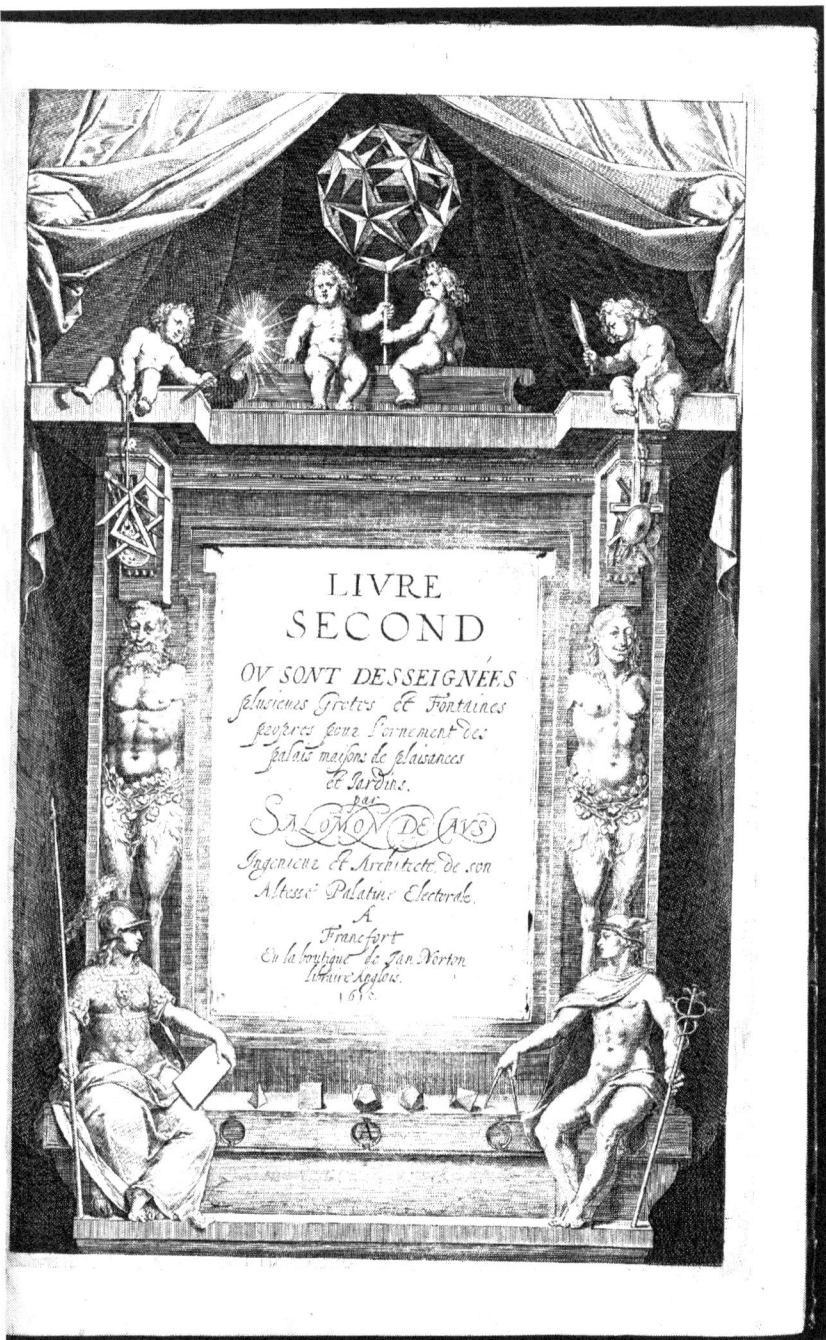

LIVRE
SECOND
OV SONT DESSEIGNÉES
plusieurs Grotes et Fontaines
propres pour l'ornement des
palais maisons de plaisances
et Jardins.
par
SALOMON DE CAVS
Ingenieur et Architecte de son
Altesse Palatine Electorale.
A
Francfort
En la boutique de Jan Norton
libraire Anglois.
1615.

L n'est pas en moy Vertueuse Princesse, de vous presenter choses dignes de vos merites. Mais sçachant l'amour qu'auez porté, & continuez, de porter, à l'heureuse memoire, du Noble & gentil Prince de Galles, i'ay representé icy quelques desseings, que j'ay autrefois faits, estant à son service, aucuns pour servir d'Ornement en sa maison de Richemont, & les autres pour satisfaire a sa gentille curiosité, qui desiroit tousiours voir & cognoistre quelque chose de nouueau. Et estant asseuré que Vostre Altesse prendra de bonne part, ce qui vient de l'ordonnance de ce genereux Prince, j'ay pensé que lesdits desseings ne pouuoyent estre donnez, en meilleure main, il plaira doncques à Vostre Altesse les accepter, non pour m'aquiter de l'obligation que ie luy doibs, car si petit subject, ne le pourroit pas faire, mais pour tesmoigner, que si j'auois chose qui meritast d'avantage, qu'il seroit aussi tost dedié a Vostre Al. que ie prie Dieu vouloir conserver, & luy continuer sa Saincte Benediction, De Heidelberg ce premier iour de Janvier 1615.

De Vostre ALTESSE

L'obeissant & humble

Serviteur S. de Caus.

Liure second,

PROBLESME I.

Desseing d'vne grote, où il y aura vn Satire, lequel iouëra du Flaiolet, & vne Nimphe Escho, laquelle respondra aux cadences dudit Satire, & outre l'on pourra mettre quelques autres figures, pour jetter de l'eau.

 E present desseing de grote, se peut mettre dans vn Pavillon de Iardin, ou bien au bout d'vne galerie, ou l'on pourra manger à la frescheur, les deux figures marines donneront de l'eau, sçavoir l'homme par quelque poisson, ou coquille qu'il tiendra à la main, & la femme par ses mamelles, en oultre il y aura vne machine, comme a esté enseigné au vingtcinquiesme Problesme, derriere la figure du Satyre, laquelle representera le jeu d'vn Flaiollet, & à l'oposite dudit Satyre, il y aura vne Nimphe Escho, laquelle respondra à toutes les cadences que ledit Satire semblera sonner, & ce par le moyen de quelques portevents, lesquels seront conduits depuis la machine iusques ou sera ladite figure de Nimphe, & seront posez derriere icelle, & faudra prendre garde que les tuyaux qui represente ledit Escho, ne sonne si fort comme ceux du Flaiollet, car chascun fait que l'Escho ne respond iamais si fort, comme le son qui le cause, l'on pourra aussi faire descendre des eaux, au long des Roches, pour lornement de l'ouurage, & la table ronde, qui est au millieu du pavillon, servira pour manger dessus à la fraischeur, & aussi pour faire jetter plusieurs figures d'eau par l'artifice des tuyaux, qui se pourront mettre & aiuster sur vn autre tuyau de cuivre dans le trou de ladite, table en sorte que c'est œuure estant bien construit & ordonné aportera vne grande delectation.

P R O.

PROBLESME II.

*Desseing d'vne grote ou il y a vne Balle laquelle se léve
auec la force de l'eau.*

EST autre desseing de grote se peut aussi mettre dans vn pauillon,
ou au bout d'vne gallerie, & pour faire que l'eau esleve bien la balle
si ladite eau procede d'vne conserve, il faut que le fond de ladite
conserve, soit pour le moins douze pieds plus haut que la superficie
de la terre, & au plus vingtquatre pieds, le tuyau par ou sort l'eau
sera gros comme le petit doibt, allant vn peu en pointe, & le bout
par ou sort l'eau, sera tout au bas d'vn vaisseau, en forme d'vn en-
tonnoir, pour recevoir plus facilement ladite balle, quand elle tombe, & pour es-
vacuer l'eau qui tombe dans ledit vaisseau, il y aura des trous tout au bas d'iceluy,
l'on pourra orner la Roche, auec quelques animaux faits de coquilles naturelles ac-
commodees, & cimentees ensemble, lesquels ietteront de l'eau par des petits tuyaux,
qu'ils auront dans la bouche, en sorte que lesdits jets, puissent donner quelque fois
contre la balle pour la faire tomber, & incontinent elle se releuera par le moyen de
l'eau, qui la repousse en haut, & ainsi sautelant elle donnera du contentement à la
veüe, mais faut noter, que pour bien voir le brisement de l'eau, contre ladite balle, il
faut que la fenestre soit opposee au midy a celle fin que le Soleil donnant, les rayons
& brisemens de l'eau, contre ladite balle, se puissent mieux voir, & donner contentement à la veüe.

PRO-

PROBLESME III.

Deſſein de la fontaine du cupidon, ou il y aura vne tourterelle qui boira au-
tant d'eau, comme on luy donnera.

E preſent deſſein eſt encores propre pour mettre dans vn pauillon, à cauſe des iets d'eau qui ſortent du carquois, car ſi ledit deſſein eſtoit fait au milieu d'vn iardin ou autre place ou le vent donne, il gaſteroit la belle forme deſdits iets d'eau, l'on y pourra adioindre vne tourterelle, laquelle boira l'eau qu'on luy preſentera, comme a eſté enſeigné à l'onſieſme probleſme du premier liure, & l'orne-ment de ladite fontaine pourra eſtre fait de roches ruſtiques, auec quelques petits animaux meſlez entre leſdites roches.

PRO.

PROBLESME IIII.

Desseing d'vne fontaine d'ordre Rustique.

 EStte Fontaine est propre pour mettre au millieu d'vn Iardin , il si pourra aussi mettre vne balle de cuiure que leau esleuera en haut, ce qui donnera grand plaisir a la veüe , ladite fontaine pourra estre fabriquee , partie de pierres Rustiques , comme le desseing le demonstre , ce qui sera de peu de coust si ainsi est que la commodité desdites pierres se trouue sur le lieu , & a faute desdites pierres naturelles on les pourra tailler artificiellement.

PRO-

Liure fecond,

PROBLESME V.

Autre deſſeing de fontaine pour repreſenter vn Fleuue,
où Riuiere, par vne figure.

ES Anciens Egiptiens grecs & romains, auoient accouſtumé de
repreſenter leurs Fleuues, par quelque figures d'hommes, ou de
femmes, ce qui ſe peut encores voir, par pluſieurs antiques à Rome, ce preſent deſſeing repreſente auſſi vn Fleuue, & eſt propre
pour vn iardin, où au millieu d'vne court pourueu que ladite fontaine ne ſoit trop expoſee au vent, car generallement toutes fontaines qui iettent l'eau en haut, comme le preſent deſſeing, ont ceſte
incommodité que l'eau eſt ſubiecte à eſtre eſpandue par le vent, d'vn coſté & d'autre, & faudra auſſi que le baſſin qui contient l'eau à l'entour de la figure, ſoit au
moins de 20. pieds en quarré où en diamettre s'il eſt rond.

PRO.

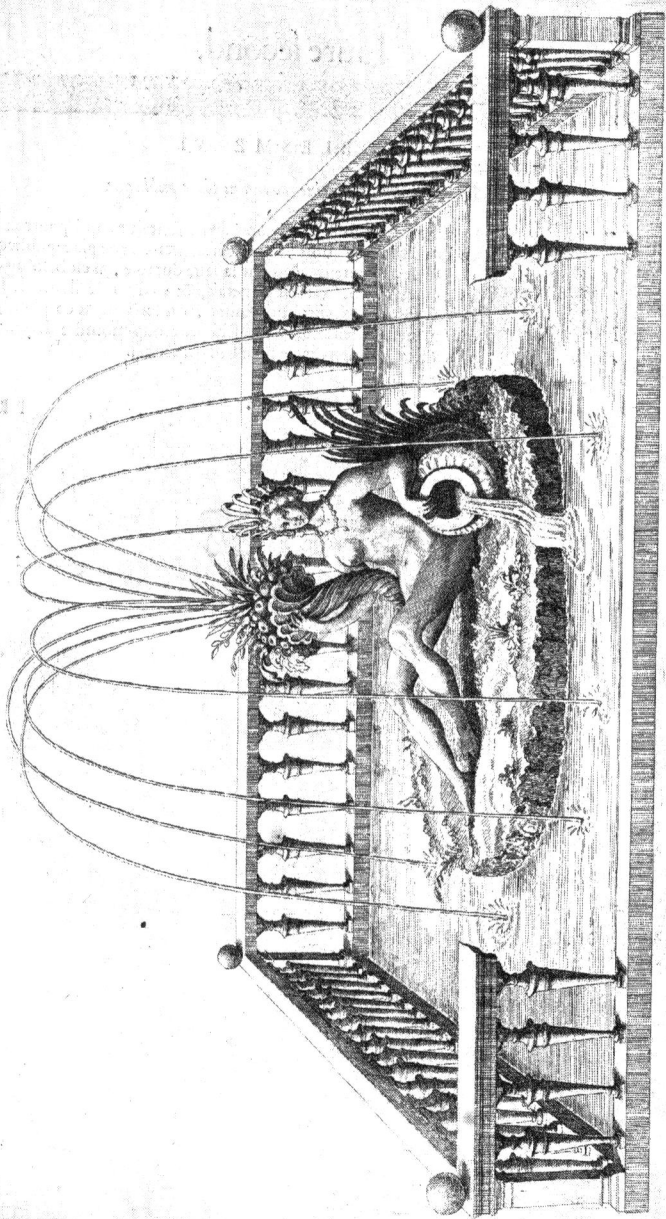

PROBLESME VI.

Autre deſſeing de fontaine, pour vne place publicque.

 Eſт autre deſſeing, eſt encores d'vne fontaine, qui pourroit ſeruir à vn iardin, ou court, ou encores mieux à vne place publicque, à cauſe de ſa hauteur, & pour la faire durable, il eſt beſoing que les figures ſoyent iettez en metal, & s'y l'on ne deſire de faire les deſpens, de les getter en cuiure, on les ietteras en plomb, & eſtain, meſlé enſemble, ce qui ſera beaucoup moindre deſpens, & plus aiſées à reparer, apres qu'elles ſont iettees.

PRO.

PROBLESME VII.

*Deſſeing d'vne voliere a oiſeaus auec quelques grotes
dedans jcelle.*

LEs grotes & ouurages ruſtiques viennent encores fort à propos
dans vne voliere à oiſeaus ce deſſeing icy eſt d'vne de 80. pieds de
long par dehors & vingtdeux de large par dedans l'ingnografie &
ortografie ſont deſſeignez icy deſſoubs , & à celle fin de mieux
comprendre l'ordonnance de ladite voliere i'en ay fait vn deſſeing
d'vne partie en plus grand volume par ou ſe peut comprendre le
teſte , à lopoſite de lare du millieu ſe pourra faire vne grote dans
ladite voliere, ou les oiſeaux prendront du plaiſir a faire leur nids alentour & eſleuer
leurs petits, & à lopoſite des autres arcades lon pourta y faire quelque petits bocages
deſpines blanche & autre abriſſeaus , la couuerture ſera faite auec pluſieurs ouuertures de 7. ou 8. pieds en quarré chacun , acommodées auec du fil de laton en ſorte que
les oiſeaux ne puiſſent paſſer à trauets & leſdites ouuertures ſeruiront pour laiſſer
tomber la pluye dedans ladite voliete laquelle eſt fort neceſſaire pour la conſeruation
des oiſeaux & auſſi pour artouſer les abriſeaux qui ſeront plantez en ladite voliere.

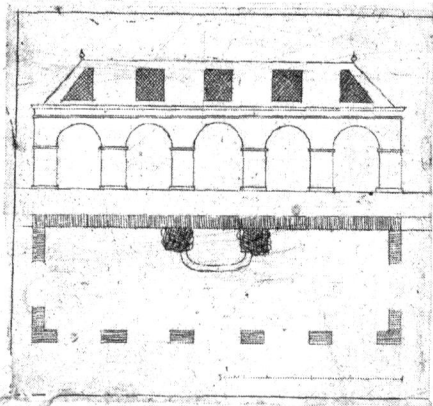

PRO-

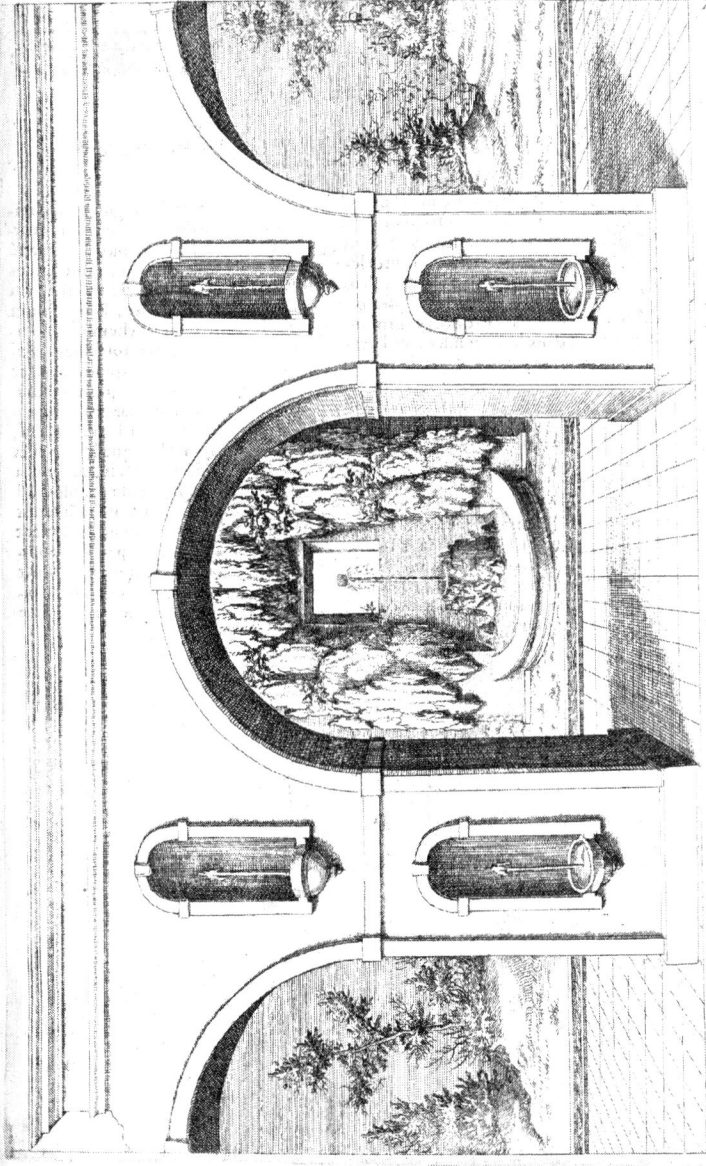

Liure second,

PROBLESME VIII.

Autre deffeing d'vne autre volliere à oifeaux plus grande, accompagnee d'vn pauillon au millieu.

E reprefenteray premierement les plans, tant de l'ingnografie comme de l'ortografie de ladite volliere laquelle aura 84. pieds en quarré par dehors & au millieu fera vn pauillon de 30 pieds en quarré par dedans, toutes les murailles tant dudit pauillon comme celles de dehors auront deux pieds & demy en groffeur, fi l'on veut bien conferuer les oifeaux contre la froidure de l'hyuer, l'on y pourra mettre deux fourneaux marquees A.B. dont les cheminees pourront eftre dedans les murailles, & l'hyuer venant l'on pourra fermer toutes les feneftres & ouuertures comprifes en lefpace C. D. E. F. G. H. en forte que cefte place foit capable de retenir quantité d'oifeaux, & auffi l'on y pourra mettre quelques abriffeaux tranfportables qui ne peuuent auffi endurer froidure comme Orangers, Citronniers, Figuiers, & autres tels abriffeaux defquels l'on peut orner vn Iardin en Efté, & en Hiuer l'on en pourra orner ladite volliere, & faut faire en forte que les feneftres du toit fe puiffent ouurir quelquefois en Hiuer, à celle fin de donner air, & que la pluye puiffent tomber fur lefdits abriffeaux & oifeaux, & au millieu du pauillon, il y aura vne table pour manger à la fraifcheur en Efté, & s'y l'on s'en veut auffi feruir en Hiuer, l'on pourra clorre toutes les ouuertures dudit pauillon referuant feulement celles qui regardent les fourneaux, tellement que par ce moyen, ledit pauillon pourra auffi eftre efchauffé, defdits fourneaux, & s'y l'on veut faire les defpens, d'orner l'adite volliere auec quelques roches naturelles, mefmement quelques artifices d'oifeaux, qui chanteront par le moyen de l'eau, comme à efté enfeigné aux difiefme problefme du premier Liure.

PRO

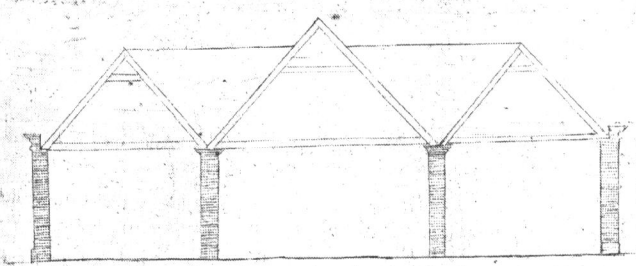

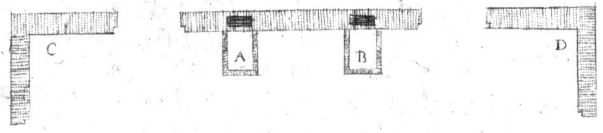

C　　　　　　A　　　B　　　　　　D

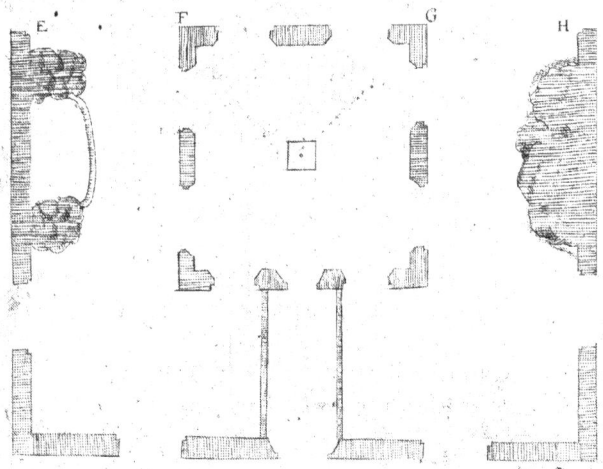

E　　　F　　　　　　G　　　H

PROBLESME IX.

Plan preſpectif du precedent deſſeing.

PAR ce plan perſpectif l'on peut comprendre facillement l'ordonnance du precedent deſſeing , parmi les roches ou pierres ruſtiques l'on fera pluſieurs trous grands & capables pour les oiſeaux, à faire leurs nids dedans, & auſſi l'on plantera forces abriſſeaux deſpines blanches, tant aux enuirons deſdites roches comme des murailles, leſquels ſeruiront auſſi pour c'eſt effect , la couuerture eſt en partie repreſentee, auec les ouuertures de treilles de fil de fer ou de laton & le reſte n'a eſté repreſenté à cauſe que le dedans dudit deſſeing n'euſt ſçeu eſtre veu.

PRO-

PROBLESME X.

Deffeing d'une montagne au millieu d'un Iardin auec
quelques grotes dedans.

L y à plufieurs beaux & excellents iardins fituez en planure , de
forte qu'il n'y à moyen d'en voir la forme , ny les parterres con-
tenues en iceux , & me femble que l'afpeft le plus beau d'vn iardin eft d'eftre veu d'enhaut , c'eft pourquoy ie fuis d'aduis que pour
aider à ce defaut quand lefdits iardins ne font point veus de haut,
de faire quelque ouurage haut efleué & plaifant , pour eftant au
haut d'iceluy auoir mieux l'afpeft des parterres , i'ay fait icy vn deffeing fort propre pour vn tel iardin , c'eft vne montagne quarree de 84. pieds de chacun cofté & efleuee de 55. pieds iufques en haut le plan de ladite montagne icy bas
d'effeignés en petite forme , & le plan perfpeftif va fuiuant , ladite montagne fera
faite de mafonnerie de pierre tout à l'entour , en forte qu'il y aye force trous & con-
cauitez par dehors pour mettre de la terre pour planter des arbriffeaux tout à l'entour,
il y aura vn chemin pour monter au haut, tournant à l'entour d'icelle comme il fe peut
voir par le plan , le dedans fera voulté & y pourra l'on faire quelques grotes qui re-
ceuront lumiere par deux feneftres au deffus de la porte , comme il fe peut voir au
deffeing & tout au fommet de ladite montagne s'y l'on veut , l'on y mettras vne figure laqu'elle fonnera vn fon au leuer du Soleil, comme à efté enfeigné au pernier
problefme du premier liure.

PRO.

PROBLESME XI.

*Deſſeing d'vne haute terraſſe accompagnee de quelques grottes
pour mettre dans vn Iardin.*

 AIS ſi le iardin eſt diſpoſé en ſorte qu'il ne vint à propos pour fai-
re vne terraſſe où montagne au millieu , allors l'on pourra faire
vne terraſſe ſuiuant le preſent deſſeing , & y aura deux chemins
ſçauoir vn de chacun coſté pour monter en haut & ſur les murailles deſdits chemins leſquels ſeront à hauteur d'apuy l'on y pourra
mettre de toutes les ſortes d'abriſſeaux tranſportables , comme
Orangiers, Citronniers , & autres ſemblables , les deux voultes
au deſſoubs de ladite terraſſe pourront ſeruir pour mettre leſdits abriſſeaux en Hiuer,
& au haut de ladite terraſſe l'on y pourra faire quelques grottes ornez de roches &
artifices d'eaux , & au haut deſdites grottes l'on y pourra mettre vne conſerue pour
tenir l'eau, pour faire ioüer les artifices deſdites grottes.

PRO.

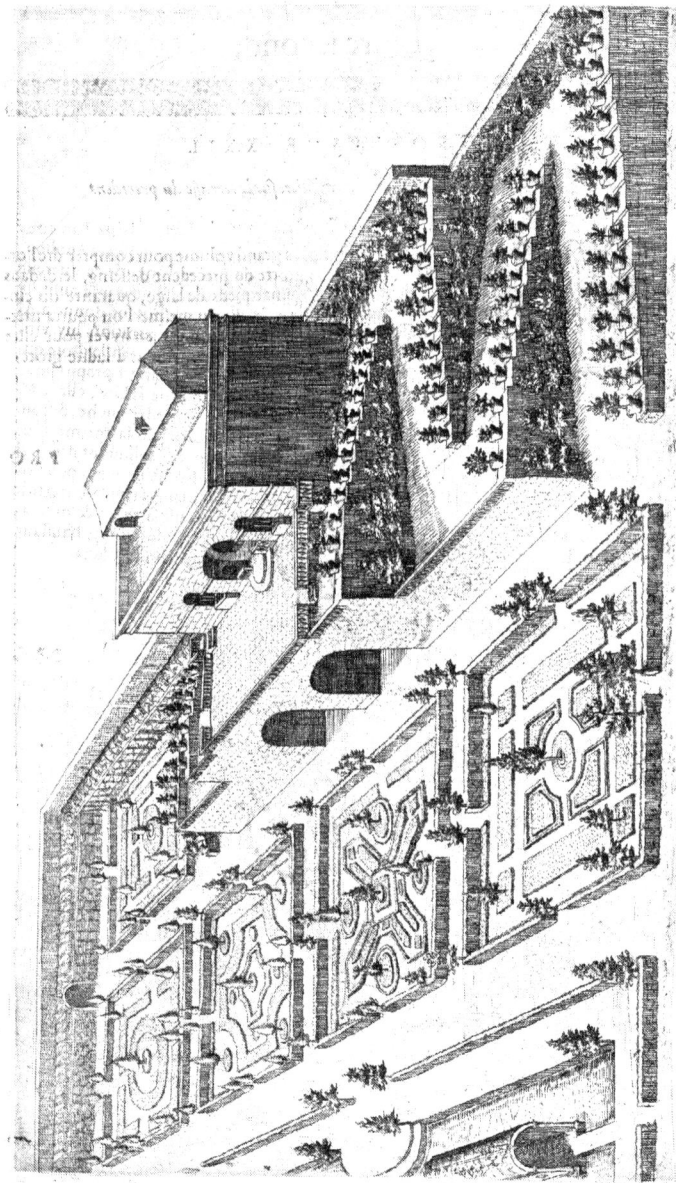

PROBLESME XXII.

Desseing du frontispice de la grote situee sur la terrasse du precedent desseing.

I AY mis icy vn desseing en plus grand volume pour comprendre l'ordonnance du dehors de la grotte du precedent desseing, le dedans pourra estre de douze ou quinze pieds de large, quarante ou cinquante de long, en forme de galerie, ou mesme l'on pourra mettre des arbrisseaux d'orangers & Citronniers en hyver pour estre gardez de la froidure, & aussi seruira d'ornement à ladite grote,

PRO.

PROBLESME XIII.

Desseing d'vn Mont Parnasse, ou l'on pourra faire quelques grotes
dedans.

 E Mont Parnasse est fort à propos pour orner vn Iardin Royal, ou il
y auroit abondance d'eau, & dedans ledit Mont, l'on pourroit fai-
re quelques grotes artificielles, la grandeur d'iceluy se fera au moins
de octante pieds par dehors en diametre si l'on fait quelques grote
dedans, sinon il se pourra faire aussi petit que l'on voudra & sera
bon qu'il y aye de l'eau, à l'environ de viron 12. pieds de large.

PRO.

PROBLESME XIIII.

Deſſeing d'vne figure grande repreſentante le Mont Tmolus.

 ᴀssᴀɴᴛ à Pratolin cinq milles pres de Florence, entre autres ou-
urages de grotes dont ladite maiſon eſt richement ornee, ie vis vne
figure d'vn grand Ciclope dans le corps, duquel ſont quelques
grotes fort artificiellement faites, & ſuyuant l'inuention de ladite
figure, i'en repreſenteray icy deux autres, aſſez à propos, auſſi pour
faire quelques grotes dedans la grandeur de ceſte icy, ſera au moins
de ſoixante ou octante pieds, ſi elle eſtoit debout, & dedans la terraſſe, ſurquoy elle eſt aſſiſe, l'on pourra faire quelques grotes, pour repreſenter quelque ſubiet à propos pour ladite figure, à laquelle l'on pourra donner le nom de mont
Tmollus, pour ſuiure la Fable recitee d'Ovide, du jugement que ledit Tmollus fit,
entre Apollon & Midas, & faire les grotes de dedans, accordantes à ce ſubiet, comme
ſera recité au Probleſme ſuiuant.

PRO-

PROBLESME XV.

Desseing de la grote de Tmollus.

 Vide fait recit que Midas oyant le son du flaiolet du Satire Pan voulloit souftenir qu'iceluy eftoit plus harmonieux que la Lire d'Apollon, dont ledit apollon fe fentant indigné, voulut faire iuge de ce diferent le mont Tmollus, & vint comparoiftre deuant luy comme auffi fit Pan, lefquels apres auoir ioué l'vn & l'autre, le pris fut donné à Apollon, & voulant encores Midas souftenir, par punition luy vindrent des oreilles d'Afne, cefte fable peut eftre fort bien reprefentee, en la grote qui pourroit eftre dedans ledit mont Tmollus, i'en ay mis icy vn deffeing à propos pour ceft effeét, & quand aux machines pour reprefenter la mufique de la Lire, elle fe fera auec deux regiftres de tuyaus d'orgues fçauoir l'vn d'vn trois pieds bouché, & l'autre fon oétaue ouuert, comme fera enfeigné au troifiefme liure, & la mefme roué mufiqualle qui fait ioué ladite Lire, fera auffi iouër ledit flaiollet, apliquant de longs porteuents, depuis le fommier iufques derriere le Satyre, où feront les pipes pour reprefenter ledit flaiolet, le mouuement des figures fe pourra faire facillement par le moyen de la roué mufiqualle, & faut, que quand le Satire ceffe à iouer & qu'il abaiffe fon flaiollet, que l'Apollon commenceauffi toft à iouër de fa Lire, hauffant & baiffant l'archet de la lire, fuiuant les mefures de la mufique qui fe jouera.

PRO.

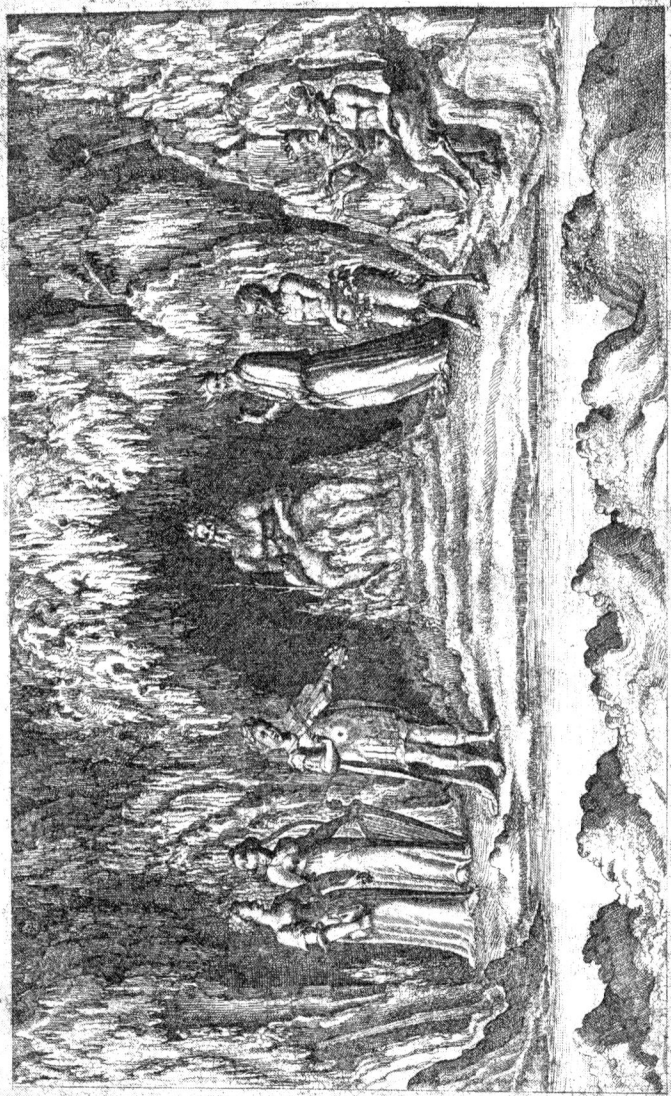

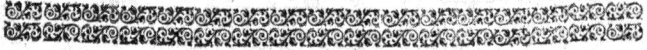

PROBLESME XVI.

Autre deſſeing d'vne grande figure ruſtique pour repreſenter vn Fleuue,
& dedans le corps d'icelle ſe pourra faire
quelques grotes.

 EST autre grande figure ſe pourra faire de pierres ruſtiques propre
pour repreſenter quelque Fleuue , laquelle ſera fort propre pour fai-
re quelques grotes dedans , & ſi lon a grande quantité d'eau il ſera
bon de la faire paſſer dans vne grande cruche , que ladite figure
tiendra entre ſes bras.

PRO-

PROBLESME XVII.

Desseing d'vne grote d'Orfée qui se pourra faire dans la figure precedente.

ESTE fable d'Orfée, vient encores fort à propos, pour vne grote, laquelle se pourra faire dans la grande figure precedente, & le mouuement de la musique, se fera derriere la figure, en sorte qu'il semble, que se soit elle qui ioüe, & le mouuement du bras se pourra faire par une maniuelle, qui sera à une des roües dentelees qui pourra tirer, & lascher un fil de cuiure attaché audit bras, la mesure & ordre des tuyaux d'Orgues, pour representer ladite Lire sera enseigné au troisiesme Liure.

PRO.

PROBLESME XVIII.

Deſſeing d'vne Nimphe qui ioue des Orgues, à laquelle vn Eſcho
reſpond.

AIS ſi l'on deſire faire une grote accomplie d'vn grand concert de
diverſité de regiſtres d'orgues, joüant par le moyen de l'eau, l'on
pourra repreſenter comme ſi une Nimphe joüoit deſſus un clavier
faus, & aux cadences qui ſeront faites en la muſique, l'on pourra
faire qu'il y aura une autre Nimphe eſlongnee dans un creux de
Rocher d'ou viendra une relation deſdites cadences, ce qui pourra e-
ſtre fait par des portevents depuis le ſommier, où ſont les tuyaux
de ladite Nimphe iuſques au lieu d'ou l'on voudra faire venir ledit Eſcho, & pour
ceſt effect il faut avoir huit où dix touches en particulier ſur le clavier, pour faire ſon-
ner ledit Eſcho à propos quand beſoing ſera, & faut auſſi prendre guarde que les tuyaux qui ſerventaudit Eſcho ne ſonnent ſi haut que les autres, à celle fin d'imiter mieux
la nature, ce qui ſera aiſé à faire, faiſant la bouche deſdits tuyaux un peu plus eſtroite,
& leur donnant moins de vent.

PRO-

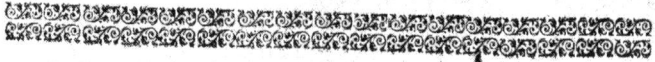

PROBLESME XIX.

Desseing d'vne Fontaine, propre pour mettre en vn Iardin.

CESTE fontaine, viendra fort à propos, pour mettre dans vn Iardin, où il y auroit quantité d'eau, & l'eau, qui tombe en forme de cascade, au long de la Roche d'enhaut, donnera plaisir à la veuë, laquelle descendra par vn des Pilastres, pour remonter & sortir en la Roche d'en bas.

PRO.

PROBLESME XX.

Pour la conduite des eaux de Fontaines.

AVANT que mettre fin à ce second liure de deſſeings de grotes & fontaines, i'ay trouué bon de faire ce petit diſcours, pour la conduite des eaux des fontaines. Premierement faut entendre que les ſources ſont de diuerſes ſituations, aucunes en lieux bas & mareſcageux, autres en lieux hauts & pierreux, celles qui ſont en lieu bas & mareſcageux, ſe pourront conduire par tuyaux de bois dont le meilleur eſt celuy de Cheſne, & apres celuy D'aune, & par faute de ces deux, le bois de Sapin pourra ſeruir, mais ſi la ſource eſt haute en lieu pierreux, & dont le chemin, de la conduite ſoit touſiours deſcendant, vers le lieu ou l'on la deſire mener, les tuyaux de terre recuite, pourront ſeruir, pourveu qu'ils ſoient bien joints enſemble, & que la trenchee, ou ſeront poſés leſdits tuyaux ſoit bien ferme, & de terre ſolide, autrement les tuyaux de bois ſeront encores meilleurs, & auſſi faut prendre garde que la conduite faite, auec tuyaux de pierre cuite, ne remonte point en haut apres qu'elle à deſcendu, car leſdits tuyaux ne peuuent ſoufrir la force que l'eau fait, quand en deſcendant de quelque lieu haut (encores que ce ne fut que ſix pieds, perpendiculaire) l'on la contraint de remonter, & pour ceſt effect les tuyaux de plomb ſont propres, leſquels peuuent endurer de grands efforts, quand ils ſont bien faits, quand au niuellement deſdites ſources, s'il y a grande quantité, l'on pourra donner ſur cent pieds, vn pied pour le moins, & ſi l'on donne beaucoup d'avantage, il ne ſera que meilleur, & auſſi les conduits n'auront que faire d'eſtre ſi grands, car l'eau paſſe bien plus iuſte, ayant beaucoup de pante, que n'en ayant gueres, mais ſi le lieu de la ſource eſtoit fort bas, comme il arriue ſouuant, & que donnant vn pied de pante ſur cent, l'eau ne pourroit arriuer au lieu deſiré, alors l'on fera les tuyaux de la conduite fort grands, & demi pied ſur cent, pourra ſeruir pour la pante, il ſera auſſi fort neceſſaire quand la ſource vient de loing, de faire des receptacles à cinq cent pas, ou à mille pas au plus, l'vn de l'autre, leſquels ſeruiront pour donner aïr auſdits conduits, & auſſi s'il y auoit quelque defaut à la conduite, il ſe pourroit plus aiſément trouuer la faute & la reparer, il arriue auſſi quelquefois que l'eau ne peut auoir ſon cours, faute des vents, ce qui fait penſer à pluſieurs, que le conduit eſt bouché, mais ceſt accident arriue, faute de n'auoir mis leſdits receptacles, en lieux convenables, & d'auoir mal aſſis les tuyaux de la conduite, ce que ie demonſtreray icy, par vn exemple, ſoit la ſource marquee A. & le conduit B. C. D. F. allant vn peu en pantè, au lieu B. C. & deſcendant fort en D. puis remontant vn peu en E. mais non ſi haut que C. & en pluſieurs endroits, l'on eſt contraint de faire la conduite de ceſte façon, à cauſe des boſſes, & fondrieres, qu'on trouue ſur le chemin de la conduite, & ainſi s'il y a quelque choſe à reparer, à la dicte conduite, & que l'on deſire vuider l'eau des tuyaux, elle ne pourra ſortir de la fondriere D. pour eſtre plus bas que E. tellement que l'eau reſtante, quand l'on viendra pour remplir le conduit de l'eau de la ſource, ladite eau ne pourra paſſer outre, à cauſe de l'air qui eſt entre B. & C. tellement que le conduit demeurera ainſi, ſans auoir ſon cours, & pour remedier à cecy, il faudra faire vn eſuent ou receptacle au lieu C. à celle fin que l'air ſorte du conduit, & que l'eau ſe mette en ſa place, & alors l'eau aura ſon cours, comme elle doibt, il ſera bon auſſi de faire des eſuents au bas des fondrieres, pour nettoyer les tuyaux, quand il ſera beſoing.

P R O-

LIURE

TROISIESME TRAI-
TANT DE LA FABRIQVE
DES ORGVES.

PAR

SALOMON DE CAVS INGENIEVR ET
Architecte de son Altesse Palatine Electoralle.

A Francfort en la boutique de Iean Norton 1 6 1 5.

DE L'INVENTION DES
MACHINES HIDROLIQVES,
ET ORGVES, ET DE L'ACROISEMENT
QVI Y A ESTÉ FAIT DEPVIS.

VAND à l'inuention de l'instrument musical vulgairement apelé orgue il est fort difficille d'en trouuer l'inuenteur, premierement à cause que ledit instrument n'a aucun particulier nom, comme à vn Lut, vn Cithre, vne Guiterne, ou autres tels instruments, car ce mot organo, est grec qui signifie instrument, qui est vn nom general, pour toutes choses que ce soit par le moyen de laquelle, aucune autre chose est faite, comme vn marteau, vne sie, vn couteau, & autres choses semblables, sont organes auec lesquels vn ouurage est mis en perfection, aussi sont toutes sortes d'instruments musicaus dits organes, & l'œuure qui doibt estre faict par iceux est la musique, & ainsi si quelque ancien autheur parle de l'inuention des orgues, s'il ne specifie la façon dudit instrument, l'on ne pourra pas iuger que ce soit celuy duquel nous vsons à present, secondement à cause que l'inuention d'aucune chose que ce soit (& specialement d'vn art difficile & qui despend de plusieurs autres) commence auec vne si grande simplicité qu'on n'en remarque pas l'Autheur, & quelque fois plusieurs années voire par centaines se passeront auant qu'on aye ataint la perfection d'vn art commencé, quand aux autheurs qui ont parlé desdites orgues, le plus ancien qui nous est cogneu est Herone Alexandrin lequel au 75. & 76. problesme de son liure de spiritalibus monstre à l'vn la fabrique d'vne machine hidraulique, & à l'autre la fabrique d'vne organe, dont les pipes sonnent auec le vent, apres luy, Vitrune fait vne description d'vne machine hidraulique. Or Vitrune liure 10. chap. 13. que ces Orgues & machines hidrauliques fusent telles que les nostres de maintenant il semble y auoir grande difference, veu qu'en la description des antiques il n'est parlé d'aucune roüe musiqualle, par laquelle se pourroit sonner vne chanson à plusieurs parties, ny de beaucoup d'autres parties necessaires pour la perfection desdites machines, & y a quelque aparence que lesdites machines ont esté faites pour sonner auec la main, & les antiques n'ayant encores trouué l'inuention des soufflets, pour les y adioindre comme nous faisons à present, vsoyent de vaisseaux, lesquels se remplisans d'eau causoit l'air d'en sortir, lequel faisoit sonner les pipes, comment il se peut comprendre en plusieurs theoresmes dudit liure de Herone, & aussi au neufuiesme liure chapitre neufuiesme de Vitrune ou il dit que Stesibie qui viuoit vn peu auparauant, ledit Herone trouua beaucoup d'inuentions pour representer la vois d'oiseaux, & autres subtilitez, par le moyen de l'eau, & aussi ledit Vitrune parlant de la machine hidraulique met en auant lusage de deux pilons seruans à donner le vent aux tuyaux, & en oultre dit que les marches, ou touches du clauier, doiuent estre pressez par les doigts de l'Organiste, ce qui demonstre qu'il faloit se seruir des doigts pour iouer sur le clauier, & que lesdites machines se nommoyent hidrauliques seulement à cause

A ij

que l'eau causoit le vent de sortir, qui faisoit sonner les tuyaux, car ce mot hidraulique est grec, qui vaut autant à dire comme eau sonnante. Or depuis le temps de
Vitrune qui viuoit au temps de Iule Cesar, iusques au temps du Roy François I. les
sciences ont esté fort peu estimées, & y a eu fort peu d'hommes doctes qui ont vescu
pour nous donner cognoissance des inuenteurs des choses, c'est pourquoy il est fort
difficile de sçauoir quand lesdites orgues ont commencé à estre en vsage auec les souflets, * Zarlin dit auoir eu vn sommier d'orgues, lequel auoit serui dans vn mona-
stere de Grade cité antique, laquelle fut ruinée il y a enuiron mille ans, lequel sommier est fait d'vne fort simple façon, auec seulement 15. touches & trente tuyaux,
sans aucuns registres, ie croy bien que ce sommier a esté vn des premiers, d'autant qu'il
ne pourroit presque estre plus simple, & du depuis l'on a aiousté tant de pieces pour
la perfection desdites orgues, que à present elles surpassent toutes sortes d'instruments
en douceur & harmonie aussi c'est celle qui represente le mieux la voix naturelle de
tous les autres, & y agrande proximité entres vne orgues bien ordonnee, pour representer les voix humaines, & les voix naturelles, aussi les Organes qui causent le son
des orgues, se peuuent fort bien comparer aux Organes, qui causent les voix humaines, les soufflets aux poulmons de l'homme, les soupapes, aux feures, le clauier aux
dents, les tuyaux à la gorge, la main qui ioué a la langue, en sorte que si chacun ton
audites orgues, estoit diuisé en 9. & 15. partie, comme ie pretends cy apres monstrer
à faire ladite diuision, mesmes les voix, quelques bonnes qu'elles fussent & bien ma-
niees, ne pourroyent surpasser ledit instrument.

* Zarlin. sup-
plementi insti-
ficali libri o-
staue cap 3.

Ce qui est requis pour la fabrique des Orgues.

LA science de bien faire & ordonner vn ieu d'Orgues, est laborieu-
se, plaine de grande industrie, & requiert vn homme qui aye la cognoissance, au moins de trois arts, premierement est besoing qu'il
soit bon musicien, tant en la theorique, pour bien ordonner la mesure conuenable aux tuyaux, comme aussi en la pratique, pouriou-
er & bien accorder lesdits tuyaux, les vns auec les autres, secondement faut qu'il sçache l'art de plomberie, pour bien sçauoir ietter
le plomb & l'estain en table, & fabriquer les tuyaux, chacun en sa proportion, tierce-
ment est aussi necessaire, qu'il aye bonne cognoissance de l'art de menuiserie, pour
sçauoir bien ordonner ce qui despend du sommier, des registres, & soufflets, & ayant
bonne cognoissance de ces trois arts, il sera capable d'estre bon maistre, & d'autant
que ie ne n'ay veu encores aucun autheur, qui aye donné intelligence de cest art, il
m'a semblé bon & necessaire pour l'accomplissement de ce liure, de demonstrer ce qui
despend de ladite science, tant pour seruir à aucunes machines hidrauliques traitées
en cedit liure, comme aussi en quelques autres constructions d'Orgues, ie commenceray doncques à monstrer les mesures propres & conuenables pour les tuyaux puis
apres toutes les pieces conuenables & despendantes de ladite science.

PRO

PROBLESME I.

La maniere comme il faut jetter le plomb & l'eſtain pour la fabrique des Orgues.

AVANT que de parler de la meſure des Orgues, ie monſtreray icy la façon d'apreſter le plomb & l'eſtain, pour la fabrique des tuyaux, doncques l'on prendra du plomb le plus doux que l'on pourra trouuer de fort viel, il ne ſera que meilleur, prenant garde qu'il n'y aye aucune ſoudure auec en le fondant, puis l'on aura vne table de pierre, ou de bois bien vnie de 12. où 15. pieds de long, & vn & demi où deux de large, laquelle ſera plus haute eſleuée d'vn coſté que de l'autre, comme la figure le demonſtre, & ſelon l'eſpeſſeur que l'on deſire donner au plomb, car le voulant faire deſlié, il faudra qu'elle panche fort, & faudra doubler ladite table par deſſus de 3. ou 4. doubles de bonbazin où de couſtil, accommodé auec de la craye, pour le rendre plus vni, l'on aura auſſi vne caſſette, nommée rabot marqué B. laquelle ſe pourra gliſſer au long de ladite table, en ſorte que le plomb eſtant fondu de bonne ſorte ce que l'on cognoiſtra en pouſſant vne petite piece de papier dedans, & le retirant viſtement, s'il ſe bruſle, ledit plomb ſera trop chaud, mais ſi la couleur du papier change, & qu'il deuiene fort roux, il ſera aſſez, puis en faudra ietter ſur le bout de la table, laquelle à cauſe de la pente qu'elle a, & le rabot eſtant fait en ſorte, comme il ſe peut voir en la figure, le plomb demeurera enclos entre les trois coſtées dudit rabot, & incontinent celuy qui tiendra ledit rabot, le gliſſera au long de ladite table, ſelon l'eſpeſſeur qu'on y veut donner car en tirant fort viſte, il ſe fera fort deſlié, & doucement il ſe fait plus eſpais, & faut garder de ne le tirer par ſauts car leſpeſſeur ne ſeroit eſgale, & quand à l'eſtain il ſe iettera auſſi de la meſme façon, mais il ne faut pas qu'il ſoit fondu ſi chaud, & faut auſſi prendre garde que ſi c'eſt d'eſtain d'Angleterre treſpur, de meſler cinq ou ſix liures de plomb auec vn cent dudit eſtain lequel le fera couſler mieux en iettant.

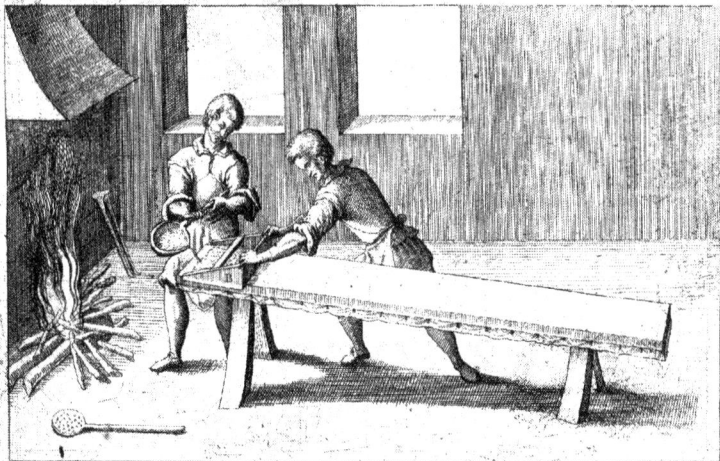

PROBLESME II.

Inſtrument par lequel on fera le plomb & eſtain fort vny
& d'vne eſgale eſpeſſeur.

APRES que le plomb & l'eſtain ſera ietté en table, l'on aura vn inſtrument pour le faire vny, fait comme il ſe peut voir en la ſuiuan-
te figure, ou il y aura deux rouleaux de fer ou de cuire marquees
A. B. bien ronds & vnis de tous coſtez & a laxe de celuy A il
y aura vne croiſée pour tourner ledit rouleau a force de bras, & entre leſdits rouleaux l'on mettra la piece de plomb que l'on deſire
faire vnie, & tournant ladite croiſée, le plomb paſſera entre leſdits
rouleaux, & ſe fera fort vny & liſſé, & à celle fin de donner telle eſpeſſeur au plomb
que lon voudra, les deux vis marquees C. D. ſe tourneront & pouſſeront vne
piece de cuire contre laquelle laxe de rouleau, de haut tourne ce qui ſe pourra fort
bien comprendre par la piece particuliere marquee E. & tout ainſi comme l'on
vſe du plomb, l'on vſera auſſi de l'eſtain.

PRO-

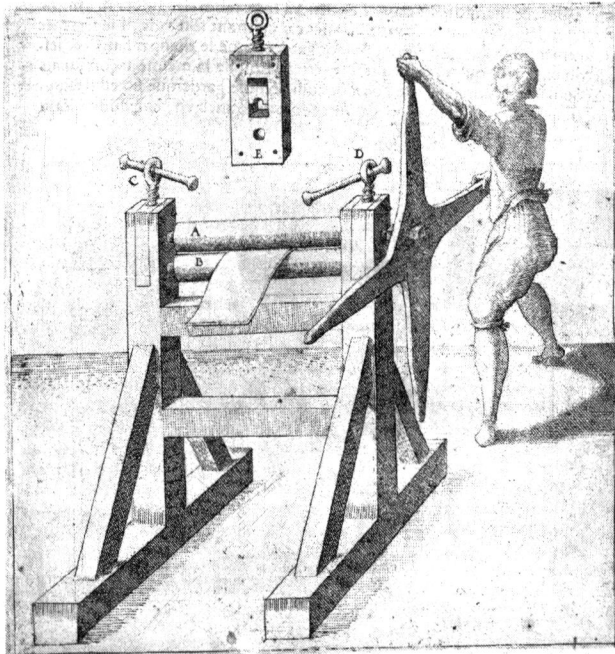

PROBLESME III.

*Comme il faut donner la mesure au Sistesme communement
dit Diapason.*

TOVTES les Orgues bien ordonnées sont faites en sorte que les tuyaux qui sonnent F. FA VT. sont de 3. pieds en longueur, ou de six
ou de douze, ou de pied & demi, la raison est, à celle sin d'accommoder les voix auec lesdits tuyaux, car s'ils n'auoyent ceste longueur
ou bien pres d'icelle, lesdites voix seroyent fort contraintes c'est a
dire trop hautes ou trop basses pour s'accommoder auec, nous commencerons doncques par vn Sistesme d'vn pied & demi en longueur marqué F. H. qui sera la longueur du tuyau F. FA VT. depuis la bouche
iasques au bout de haut, apres l'on diuisera toute ladite longueur F. H. en deux
parties esgalles au point f. & ainsi f. H. sera la longueur du tuyau Diapason ou octaue contre F. H. apres toute la longueur F. H. sera diuisée en trois parties esgalles au points F. C. Cc. & c. H. & ainsi C. H. sera la longueur du tuyau dia-
pente ou quinte contre F.H. apres toute la ligne sera diuisée en 4. parties esgalles
au points F. B. B. f. f.ff. & ff.H. & ainsi B. H. sera diatessaron, ou quaate contre
F. H. apres toute la ligne sera diuisée en 5. parties esgalles aux points F. A. A. D.
Da a. aa. & aa. H. & ainsi A.H. sera diton contre F.H. apres soit toute
la ligne diuisée en 9. esgalles parties & ainsi G. H. qui contient huit desdites parties sera vn ton maior, plus haut que F. H apres soit la partie D. H. diuisée en
9. parties esgalles, & E. H. qui contient huit desdites parties sera vn ton maior plus
haut que D. H. & apres l'on diuisera la partie A. H. en 9. esgalles parties & _ H.
qui contient huit desdites parties sera vn ton maior plus haut que A H. tellement
que par ceste diuision l'on aura les longueurs des tuyaux compris soubs le premier
Diapason à sçauoir F. G. A. B. . C. D. E. f. & aussi partie des autres interualles
superieures, & pour auoir le reste l'on diuisera celles de bas par moitié & mettant ladite moitié au dessus de f. se sera tousiours l'octaue de celle de bas & pourauoit les
interualles au dessus de ff l'on diuisera celles du premier Diapason en 4. ou du second
en 2. & ainsi l'on les mettra au dessus de ff. reste pour auoir la mesure des seintes, premierement celle entre C. & D. qui doibt estre vn diton contre A. c'est pourquoy diuisant la partie A. H. en 5. parties esgalles C. H. qui contient 4. desdites parties ce sera la feinte entre C. & D apres pour auoir la feinte entre D. &
E. l'on diuisera la partie de ligne B H. en 5. esgalles parties & 4. d'icelles marquées
D. ✻ H. sera la feinte, apres pour auoir la feinte entre G. & A. l'on diuisera la partie
C. ✻ H. en 5. parties & adioustant encores vne desdites parties audits 3. l'on aura la
partie G. ✻ H. qui est la feinte entre G. & A. apres pour auoir la feinte entre
f. & g. l'on diuisera la partie D. H. en 5. parties esgalles & 4. d'icelles marquées f. ✻
H. sera la feinte entre f. & g. Et pour auoir les feintes des autres Diapasons l'on diuisera ceux cy en deux pour les mettre au deuxsiesme & en quatre pour troisiesme &
ainsi l'on aura les 43. mesures de tuyaux depuis F. iusques à ccc.

Apres pour auoir les largeurs desdits tuyaux, premierement l'on diuisera la longeur
F. H. en 5. parties esgalles & 2. d'icelles seront pour la circonference du tuyau F. c'est
pourquoy l'on mettra ladite ligne de la circonference à droit augle sur F. & sera
marquée F. N. apres l'on tirera sur le point ccc. vne ligne ccc. P. esgalle à
Ccc. H. & apres l'on tirera vne ligne P. N. sur laquelle seront tirées toutes les
pararelles de tous les points des longueurs & ainsi toutes lesdites lignes monstreront
les circonferences de tous les tuyaux.

PROBLESME IV.

Pour donner la mesure aux autres Sistesmes bouchees.

ET quand lon voudra faire vn Sistesme, vn Octaue plus bas que le precedent, il faudra que tous les tuyaux soyent iustement de double longueur, & si on le veut auoir vne quinziesme plus bas, alors il faudra que chasun tuyau soit 4. fois aussi long comme le susdit, & si on le veut vn 22. plus bas, alors il le faudra 8. fois aussi long qui sont 12. pieds de long, & quand à la circonference voici comme l'on y procedera, pour la doubler, il faudra faire vn quarré de la ligne F. N. marqué icy G. F. E. H. apres il faudra prendre le diametre dudit quarré F. H. lequel seruira pour vn des costez du quarré A. B. C. D. & ainsi les quatre lignes des costés du quarré A. B. C. D. estant iointes ensemble sera la circonference du tuyau F. de trois pieds bouché ce qui se demonstre, d'autant que ledit quarré A. B. C. D. estiustement double à celuy E. F. G. H. car le triangle F. G. H. est la moitié dudit quarré E. F. G. H. & ledit triangle, n'est que le quart du grand quarré, & si l'on desire auoir la circonference d'vn registre de 6. pieds bouché, l'on doublera encores ledit quarré A. B. C. D. & pour la circonference d'vn de 12. pieds, on la quadruplera, & ainsi iusques à l'infini, l'on pourra auoir des tuyaux grands ou petits.

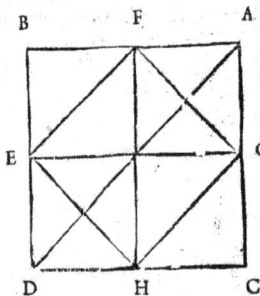

PROBLESME V.

Pour faire les Sistesmes de tuyaux ouuerts.

MAis si l'on veut faire des tuyaux ouuerts l'on diuisera iustement la moitié de la largeur F. N. au point R. & autant a c c c. P. au point Q. & ainsi l'on tirera vne ligne R. P. trauersante toutes les pararelles tellement que ceste ligne donnera toutes les circonferences des tuyaux, & si le Sisteme est plus grand on fera la semblable diuision.

P R O.

PROBLESME VI.

Pour faire les Siſteſmes de tuyaux acheminee.

IL fe fait encores d'vne autre forte de tuyaux nommées ordinairement tuyaux acheminée, lefquels font vn peu plus forts de fon, que
tuyaux bouchez, mais au refte ils ont la mefme harmonie la forme
d'vn diceux eſt icy fuiuant, & la mefure des Siſteſmes defdits tuyaux ne fe peut pas donner fi iuftes, comme les precedents, mais voici comme l'on procedera, l'on prendra la longueur & largeur du tuyau
D. Sol Re. lequel eſt vne tierce minor plus bas que F. Fa,
vt. & ladite mefure feruira pour F. Fa, vt. & aaa. Seruira pour ccc. &
ainfi entre ces deux diftances l'on compofera toutes les autres lignes pour les autres
tuyaux, & pour la mefure de la cheminée, l'on prendra le quart de longueur de la circonference de chaſcun tuyau pour faire la circonference defdites cheminees & la moitié de la circonference de chaſcun tuyau fera la longueur de ladite cheminée.

PROBLESME VII.

De la proportion de la bouche des tuyaux.

APRES que les tuyaux font taillez en la longueur & largeur, il fera
befoin de tailler la bouche, laquelle fe fera fuiuant la force que lon
defire que les tuyaux fonnent, mais la façon la meilleure eſt de di-
uifer la largeur du tuyau en 4. parties & vne d'icelle mettre au millieu de la largeur du tuyau comme il fe peut voir aux fuiuantes figures, A. B. C. D. ou B. C. eſt le quart de A. D. & quand
c'eſt pour vn tuyau bouché ladite largeur B. C. fe diuifera en quatre parties pour faire la largeur de l'ouuerture B. E. F. C. mais quand c'eſt pour des
tuyaux ouuerts ladite largeur de l'ouuerture, fe diuifera en 5. parties & vne d'icelle fera
a largeur de l'ouuerture, & fi l'on veut faire fonner lefdits tuyaux plus haut il faudra
faire ladite ouuerture plus large.

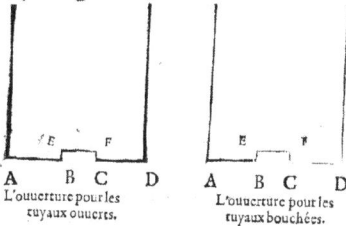

A	B	C	D

L'ouuerture pour les
tuyaux ouuerts.

L'ouuerture pour les
tuyaux bouchées.

PROBLESMES. VIII.

De la proportion de la languette des tuyaux.

LA languette des tuyaux est vne platine laquelle se soude entre le pied du tuyau & le corps & lespesseur de ladite platine se fera de la troisiesme partie de la largeur de la bouche du tuyau, & se taillera en lendroit de louuerture vn peu en tallus par dehors assauoir le quart d'vn angle droit, & sera bon dauoir vn petit triangle de cuiure pour voir que la taille de ladite languette soit au plus pres suiuant icelle, & faut aussi que ladite taille soit nettement faite, & sera bon que le plomb dequoy sont faite lesdites languettes, soit meslé d'vn peu d'estain sçauoir dessus vingt liures de plõb 5, liure d'estain pour les rendre vn peu plus fermes, & lon fera vne table dudit plomb a propos pour c'est effect assez espaisse, & l'on passera les pieces par dedans l'instrument demonstré au 2. problesme selon l'espesseur que l'on les veut auoir.

PROBLESME IX.

Pour faire le pied des tuyaux.

LE pied des tuyaux, tant aux ouuerts comme aux bouchés se taillera auec le corps du tuyau toute d'vne piece, & deuant que le couper & separer ledit pied d'auec le corps, l'on marquera auec la pointe d'vn cousteau les mesures de la bouche, comme il se peut voir à la figure suiuante, & aussi l'on taillera le pied en cone comme il se peut voir en ladite figure, & l'ouuerture par ou doibt entrer le vent, se fera assez petite car apres que les tuyaux sont posés sur le sommier, s'yls n'ont assez de vent par ladite ouuerture elle se pourra agrandir facilement.

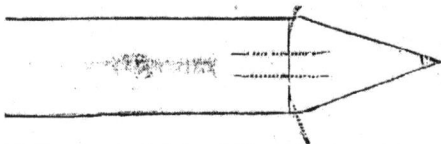

PROBLESME X.

Pour accorder les tuyaux d'orgues, les vns auec les autres.

PREMIEREMENT faut auoir le fondement sur le plus grand tuyau du Sistesme qui est F. FA. UT. & s'il y a nombre de registre lon acordera celuy de trois pieds bouché premierement, & ainsi lon acordera toutes les notes qui sont en F. FA. UT. dudit registres ce qui sera aisé a faire prenant garde que les tuyaux ne sonnent point plus fort l'vn que l'autre, & que quand on sonne auec deux tuyaux ensemble a vne octaue, l'vn de l'autre qu'il semble qu'il
ny en a

ni en a qu'vn, & pour hauffer ou baiffer le fon des tuyaux bouchez, l'on foudera des
petites platines de plomb dites oreilles des deux coftez de la bouche defdits tuyaux, & fer-
rant lefdites oreilles le tuyau fonnera plus bas, & les eflargiffant, il fonnera plus haut a-
pres auoir acordé les F. FA. UT. il faudra acorder les quintes defdits F. FA UT. qui
font les C. SOL. FA. UT. & prendre toufiours bien garde qu'vn tuyau ne fonne point
plus que l'autre, car c'eft vn grand defaut aux orgues quand aucuns des tuyaux fonnent
plus fort les vns que les autres, apres l'on acordera les G. SOL. RE. UT. qui font vne
quinte chafcun plus hauts que les C. SOL. FA. UT. & ainfi de quinte en quinte l'on
acordera tout vn regiftre, mais il faut bien garder de ne faire lefdites quintes trop hautes
ce qui arriue fouuent faute d'experience, & apres qu'vn regiftre fera bien d'accord, il fera
fort facile d'acorder tous les autres par octaues plus hauts, ou plus bas ouurans les bouts
de haut defdits tuyaux pour rendre le fon plus aigu, ou le reployant en dedans pour le rendre plus graue.

PROBLESME XI.
De la conuenance qu'ont les rogiftres les vns auec les autres.

REGISTRE eft icy apelé vn feul ieu de tuyaux de quelque grandeur ou ef-
pece que ce foit, & mettant quelquefois trois ou quatre ou d'auantage de icux ou regiftres enfemble, ils s'acorderont bien, mais aucuns
ne s'acordent du tout auec, ie parleray icy de deux qui fe peuuent bien
acorder pour nos machines hidrauliques, fi lefdites machines ne
font acompagnées de foufflets, & que le vent eft pouffé aux tuyaux
par quelques conferues à vent comme à efté monftré au 24. probef-
me du premier liure, & fi le cours de l'eau qui entre dans la conferue eft grande, & qu'on
veuille reprefenter le fon d'vne Lire alors l'on mettra trois regiftres enfemble, fçauoir
vn trois pieds bouché, vn pied & demi bouché, & vn trois pieds ouuert & lefdits regiftres eftant bien acordez enfemble pourront reprefenter le fon de la Lire, mais s'il n'y
auoit pas fi grande quantité d'eau, alors l'on ne mettra que deux regiftres fçauoir vn
pied & demi bouché, & vn trois pieds ouuert; & fi la machine eft faite pour fonner
auec des foufflets, comme au 19. probefme du premier liure alors l'on pourra faire
qu'il y aura plufieurs regiftres pour aporter vne varieté d'harmonie, & fi l'on veut reprefenter vne grande harmonie l'on mettra deux regiftres de fix pieds bouchez a vnifon enfemble, & deux de trois pieds auffi à vnifon, quand au regiftre propre pour reprefenter le flaiolet, comme eft defcrit au problefme du premier liure; il fe fera de la
mefure d'vn pied & demi ouuert, mais fi l'on y met deux regiftres à vnifon il aura
beaucoup plus de grace, pourueu qu'ils foient bien d'acord enfemble.

PROBLESME XII.
Des Pedalles.

DEPVIS quelque temps en çà l'on a commencé à vfer de pedalles aux
orgues, qui font tuyaux au deffoubs de F. FA UT. pour fonner
vne octaue plus bas que les plus baffes comprifes au clauier, & font
apelées pedalles à caufe que l'on ioüe du pied fur le clauier defdits tuyaux i'en ay veu ou il y en auoit douze à fçauoir C. D. E. F. ✕. G. A. B.
♯. C. D. E. autres n'en ont que trois à fçauoir C. D. E. les mefures de tels tuyaux feront aifées à trouuer par le moyen des autres.

PROBLESME XIII.

Du Sommier.

E sommier, d'aucuns apelé secret, est ce que Vitruue nôme canon mu-
sical, lequel est fait comme vn coffre ou est enferré le vent qui vient
des foufflets, & dedans iceluy sont les soupapes, lesquelles quand elles font poussées ouuertes, le vent vient aux tuyaux & les fait sonner,
il faut que ledit sommier soit fait de bois de chesne fort sec & bien
de droit fil, dont la partie de la figure sera ici representée au plan per-
spectif A. B. C. D. & pareillement aux deux de l'ortografie, &
ingnografie, les pieces marquées M. font les soupapes lesquelles seront bien doublées de cuir bien doux & vni à celle fin que quand elles font ferrez le vent ne passe
entre deux, la piece en l'ortografie marquée H. est vn des refors de cuiure qui tien-
nent lesdits soupapes ferrées, ce qui est notté de la lettre E. en l'ingnografie font
les graueures qui font poussées ouuertes, ce qui est noté de la lettre L. font les touches du clauier, lesquelles quand elles font abaissées pas la force des doigts ou des cheuilles posées en la roüe musiqualle des machines hidrauliques, ourrent les soupapes,
par le moyen d'vn petit fil de cuiure, qui les abaisse, ce qui est marqué en l'ortografie
de la lettre F. est vn des trous rond qui porte le vent depuis la graueure E. iufques au porteuents marqués de la lettre G. & est besoing que ledit sommier soit
fait auec grande diligence, & que les soupapes foyent colées par vne queuë de cuir
qui surpassera le bout d'icelle en forte qu'elle puisse ouurir & ferrer bien iustement &
sera bon que les refors de cuiure H. foyent forts aux sommiers qui doiuent seruir
pour les machines hidrauliques, car estans foibles comme ceux des sommiers ordinaires il y a tousiours quelque chose à raccommoder, quand à la grandeur de la graueure elle sera au moins demy pouce de large vn pouce de profondeur & six pouces
de long, & pour les gros tuyaux lesdites graueures feront vn peu plus grandes.

ORTO.

ORTOGRAFIE.   INGNOGRAFIE.

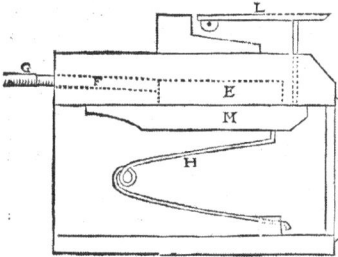

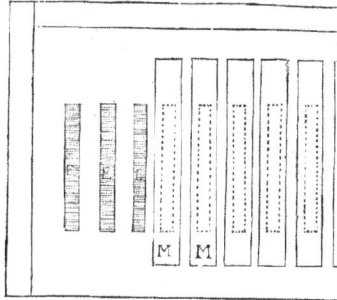

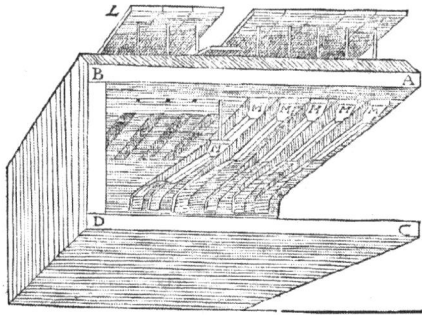

PROBLESME XIV.

Du sommier ou sont les registres.

Ux orgues ordinaires, les tuyaux se mettent sur le sommier, c'est pourquoy il est apelé ainsi, d'autant qu'il soustient lesdits tuyaux, mais aux
machines hidrauliques il sera bon que le sommier soit diuisé en deux,
sçauoir vn, auquel sera les soupapes duquel à esté parlé au precedent
problesme, & l'autre duquel nous parlerons à present, ou seront les registres, lequel sera eslongné de 4. ou 5. pieds du precedent, en sorte qu'il
y puisse auoir vne muraille ou quelque separation entre lesdits sommiers, à celle fin
de noüir le bruit du mouuement de la machine, & le vent sera communiqué à ce
present sommier de l'autre, par des porteuents, la grandeur dudit sommier sera selon
la grosseur des tuyaux que l'on à posser dessus, la forme d'iceluy sera commé la figure suiuante marquée A. B. C. D. la table de dessoubs marquée I. L. sera de
bois de chesne bien sec, de deux pouces d'espais, & sera percée de costé (auec vne tarelle bien droite) à vn pouce pres du bout, sçauoir en cestuy-ci 24. trous, & s'il y a d'a-
uantage de touches, l'ony mettra d'auantage de trous, puis l'on mettra des reigles de
bois bien droites autant comme l'on voudra auoir de sortes de ieux, lesquelles reigles
sont apelées registres marquées E. F. G. H. alants d'vn bout à l'autre du sommier
& seront arestées à des petites cheuillettes de fer marquées M. N. O. P. en sorte
que lesdits registres puissent glisser entre vne autre table nommée chape laquelle est
marquée R. Q. apres l'on percera la table de dessus, & les registres iusques à rencontrer les trous trauersans, en sorte que lesdits trous puissent estre eslongnés de 3. ou
4. pouces selon la grosseur des tuyaux, & sera bon que chascun registre soit percé de
deux rengs de trous, comme il se peut voir en la figure, & faut que quand l'on poussera lesdits registres, que les trous qui sont en iceux, se rencontrent, non contre ceux
des deux tables, mais iustement entre deux, à celle fin de boucher le vent desdits registres quand l'on voudra, & quand l'on tirera lesdits registres, alors les trous d'iceux
se rencontreront vistement vis auis de ceux des deux tables lesquelles seront doublées
de cuir bien doux, & bien colé à celle fin que les registres puissent bien glisser entre
deux, & en outre faut que lesdites tables soyent fermées l'vne auec l'autre, auec quelques vis ou clous, en sorte que lesdits registres puissent glisser entre deux facillement,
& au dessus de la chappe sera vne autre table vn peu plus espaisse que les registres, toute plaine de trous grands comme le haut du pied de chascun tuyau, & sera eslongnée
de 6. ou 8. pouces de la chape laquelle seruira pour aider à tenir les tuyaux droits, la
branche de fer marquée T. seruira pour ouurir ou serrer le registre.

PRO.

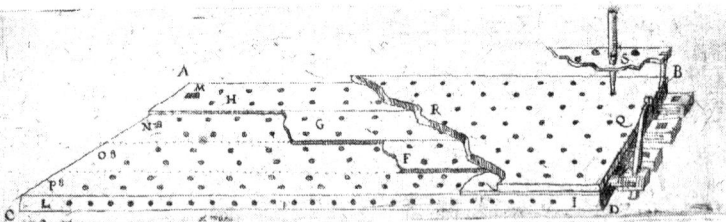

PROBLESME XV.

Des porteuents.

QVAND aux porteuents ils se feront de plomb ou de cuiure, & s'il y a 5. ou 6. pieds de distance entre les deux sommiers, & qu'il y aye 3. ou 4. registres pour sonner ensemble, on fera lesdits porteuents d'vn pouce en diamettre par dedans & seront bien ioints, dans les trous desdits sommiers, & s'il y a des tuyaux qui surpassent 3. pieds à ceux la on les fera plus grands, il est bien vray qu'il y a fort peu d'orgues, où les porteuents soyent si grands, mais aussi c'est vne faute ordinaire de les auoir si petits, & cela est cause qu'il faut vn grand pois sur les soufflets, & aussi les tuyaux n'en sonnent pas si nettement, & s'il se peut faire que les soupapes soyent fort grandes], & generallement toutes les grauures & conduits pour conduire le vent aux tuyaux, car par ce moyen les soufflets n'auront que, faire d'estre si forts chargez de pois, & aussi les tuyaux auront le son beaucoup plus net, & a ceux ou le vent viendra trop fort il faudra serrer le bout du tuyau autant qu'il faut pour le faire sonner en sa nature.

PROBLESME XVI.

Des soufflets.

LEs soufflets feront selon la proportion des tuyaux & registres, s'il y a trois ou quatre registres, & que le plus grand tuyau ne soit que de trois pieds, les soufflets auront au moins cinq pieds de long & deux & demi de large, & seront au nombre de 4. si c'est qu'ils doiuent estre leuez par la force de l'eau comme à esté monstré au 29. problesme du premier liure, autrement si on les léue auec la force de la main, trois seruiront, & s'il y plus grands nombre de registres, & aussi qu'il y aye de plus grands tuyaux, l'on fera les soufflets plus grands & en plus grand nombre, car le plus qu'il y en a, sera le meilleur, & aussi le plus pres qu'ils seront du sommier, & les faut faire en sorte qu'ils puissent tenir bien le vent, en doublant bien toutes les fueilles de bois par dedans, & aussi le cuir qui ioint lesdites pieces ensemble de parchemin bien collé, car le vent passe tant à trauers le bois comme aussi du cuir s'il n'est doublé de la façon.

PRO-

PROBLESME XVII.

Du tremblant.

E tremblant est vne petite fenestre, laquelle est dans le porteuent entre les soufflets & le sommier, & estant abaissée cause le vent a sortir par sauts, qui fait faire vn tremblement aux tuyaux fort agreable a loüie, la figure dudit tremblant est icy representée par la lettre A. & au dessus du porteuent, il y aura vn trou quarré marqué B. & par iceluy l'on pourra mettre autant de pois qu'il sera conuenable pour faire ledit tremblant trembler à propos, & suiuant la grandeur & pesanteur qu'il y a sur les soufflett le porteuent sera grand sçauoir s'ils ont quatre pieds de long & deux de large, ledit tremblant aura demi pied de long & quatre pouces de large, & s'ils ont six pieds de long, & trois de large, il aura 8. pouces de long, & six de large, & faudra qu'il y aye vn petit anneau dessus pour y passer autant de platines de plomb, comme il sera besoing pour le faire trembler àpropos.

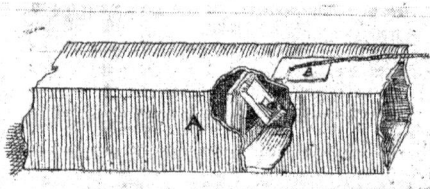

Aucunes Reigles en general, pour la fabrique des Hidrauliques.

L y a plusieurs choses remarquables en la fabrique des hidrauliques que la practique enseigne, & dont on se trouueroit empesché d'en rendre raison, quand l'on veut faire sonner deux registres à vnison l'vn de l'autre ou a l'octaue si lesdits registres sont eslongnez l'vn de l'autre de trois pieds ou enuiron, ils sonneront bien plus hauts ensemble, que s'ils estoyent ioingnants l'vn de l'autre, comme on fait ordinairement, c'est pourquoy quand la place le peut permettre, il faut eslongner lesdits registres aucunement l'vn de l'autre, & ne faut pas aussi les mettre si loings, car la longueur des porteuents empesche, & est cause qu'il faut vn plus grand pois dessus les soufflets, & si la machine est faite en sorte que le vent vienne aux tuyaux, d'vne conserue à vent, alors il sera bon que les tuyaux soyent de cuiure, & specialement les petits, & les grands auront les languettes, & le pied de cuiure, le reste pourra estre de plomb, & ce d'autant que l'air qui procede de la conserue, est extremement humide, & est cause de gaster le plomb & l'estain & y engendrer de la ceruse qui bouche quelquefois l'ouuerture de la bouche, & le pied des tuyaux, ce qui les empesche de sonner, quand aux soupapes des machines qui iouënt auec les soufflets, elles seront larges au moins d'vn pouce, & six ou sept de long, qui est plus qu'ordinairement on ne donne aux orgues de moyenne grandeur, mais aux ordinaires, le clauier est abaissé fort bas, ce qui cause les soupapes de s'ouurir fort larges, mais aux hidrauliques, quand

ce

ce font des crochets, ou demis crochets , (à caufe de la viteffe du mouuement) lefdites foupapes ne fe peuuent pas beaucoup ouurir , c'eft la raifon pourquoy il les faudra faire vn peu plus grandes, a celle fin d'auoir la graueure plus large , il y a auffi vne
chofe fort a confiderer, c'eft que fi l'on defire fe feruir de foufflets, dedans quelque grote, il faut que le lieu ou ils feront, foit fort fec & non humide , comme auffi le refte du
mouuement ; & en oultre , il fera bon que lefdits foufflets foient enclos dans vne petite
chambrette bien clofe de planches, y laiffans feulement vne petite ouuerture, pour laif-
fer entrer l'air dedans pour lefdits foufflets, & fi la place eft fort humide, alors l'on fera la
machine auec des robinets & vne conferue a vent, comme à efté enfeigné en la fin du
premier liure, laquelle inuention eft plus rare, & exquife que l'autre , mais auffi elle eft
plus difficile, & eftant vne fois bien faite elle peut eftre de longue durée & aporter vn
grand plaifir, ie mettray fin pour le prefent à ce troifiefme liure efperant auec le temps
d'en faire encores vn ou feront monftrées quelques machines fort rares, & que ie tiens
fort fecrettes, & entre les autres, vne qui reprefentera vne mufique plus parfaiéte qu'aucune humaine creature ne peut faire, foit auec les voix ou inftruments m anuels.

TABLE DV SECOND LIVRE.

TABLE DV TROISIESME LIVRE.

FIN.

Fautes à corriger.

Fueillet 1. ligne 15. *car tout autre feu ou chaleur, est subiecte à* | Lisez *car tout autre feu ou chaleur est subiecte à nourriture*
nourriture, & ce qui est subiect à perir. | *& ce qui est subiect à nourriture est subiecte à perir.*
Fueillet 3. ligne 2. *qu'il se peut voir que l'eau s'estoit esuaporee.* | Lisez *qu'il se peut voir que l'eau qui s'estoit esuaporee.*
Fueillet 3. b. ligne 8. *pour laisser passer entre ledit bout* | Lisez *pour laisser passer l'eau entre ledit bout.*
Fueillet 6. ligne 18. *& soit le milieu de ladite ligne, le point de* | Cela est imprimé deux fois & le faut lire seulement une
grauité marqué C. |
ligne 28. conrespondant | Lisez *correspondant.*
Fueillet 9. ligne 4. *soupages* | Lisez *soupape.*
Fueillet 12. b. ligne 22. *barcils* | Lisez *barils*
Fueillet 14. b. ligne 27. *quand à la recourbeure du tuyau   K.* | Lisez *quand à la recourbeure du tuyau   K. elle est faite*
| *pour empescher que l'eau du vaisseau A.   quand il est*
| *plain, ne tombe par iceluy tuyau au vaisseau   B.*
Fueillet 18. b. ligne 9. *de faire des ouures perpetuelles* | Lisez *de faire des œuures perpetuelles*
Le mesme, ligne 18. *ceste disposition naturelle* | Lisez *ceste disproportion*
Au problesme 26. *il y dois auoir* | *Plan imgnografique de la grote de la galatee descrite au 24. pro-*
| *blesme, & celuy aussi pour faire iouer le flaiolet descrit au*
| *25. problesme.*
Fueillet 39. b. *trentiesme robinet* | Lisez *troisiesme robinet*
Fueillet 42. b. ligne 27. *ponces en diamettre* | Lisez *ponces en diamettre*

Ici suit le Sisteſme ou Diapaſon deſcrit au 3. problesme.

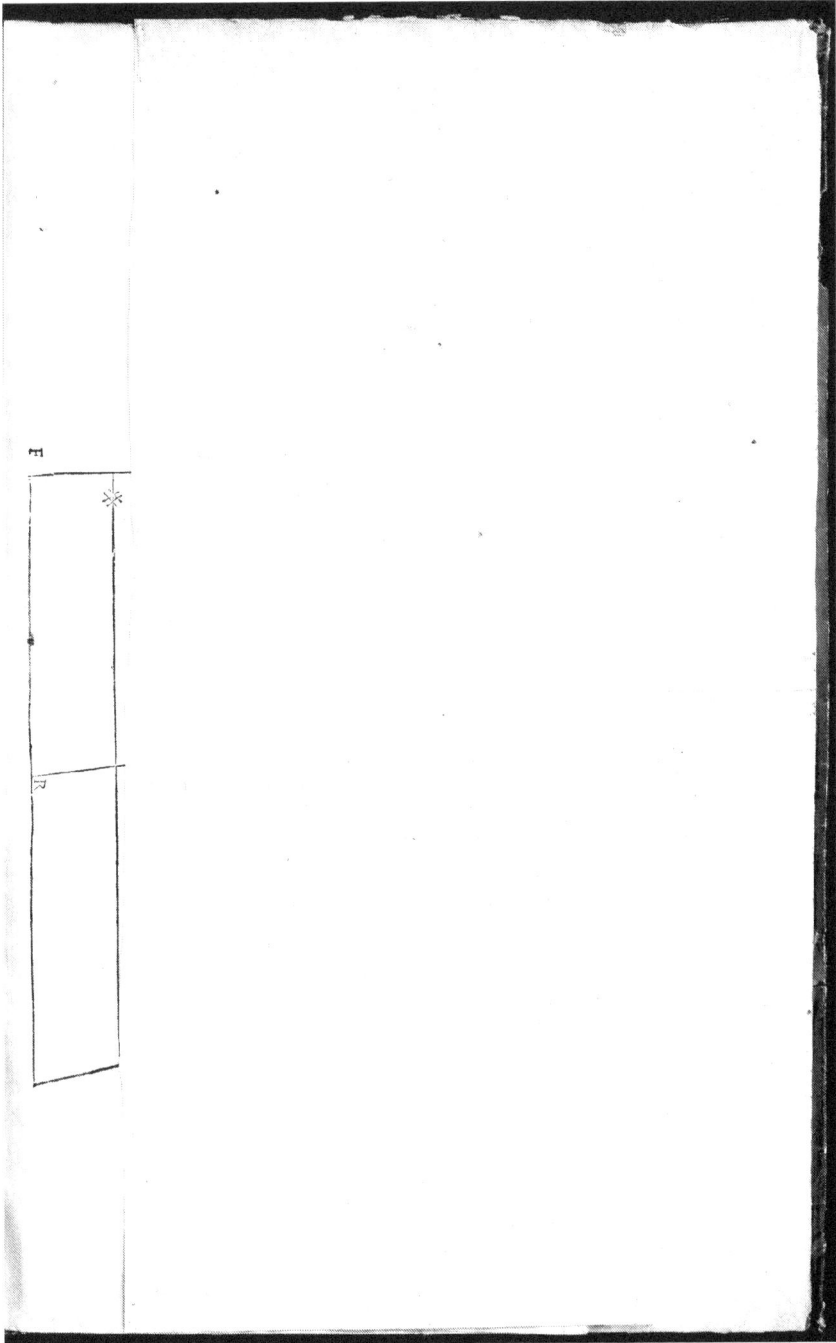

Blank inserted to ensure correct page position

Fautes à corriger.

les ſuite Sisteſme ou Diapaſon deſcrit au 3. probleſme,

Lightning Source UK Ltd.
Milton Keynes UK
UKHW022107080223
416681UK00011B/2781